ÉDITORIAL

MARS 2020

Vers l'essentiel

Comme certains se plongent dans l'eau fraîche d'un torrent, il nous faut nous engager généreusement dans le Carême. C'est un temps favorable pour retrouver le goût de l'essentiel et alléger nos vies de ce qui ralentit notre marche de disciples. Le mercredi des Cendres, le prophète Joël et l'apôtre Paul nous ont montré la voie : « Déchirez vos cœurs et non pas vos vêtements, et revenez au Seigneur votre Dieu, car il est tendre et miséricordieux, lent à la colère et plein d'amour » (Jl 2, 13). « Nous [vous] le demandons au nom du Christ, laissez-vous réconcilier avec Dieu » (2 Co 5, 20). Le jeûne nous aidera sur ce chemin vers l'essentiel. Il peut prendre, nous le savons, de multiples formes. Quelles sont les modifications de ma vie qui m'apporteront le plus de liberté ? Nous développerons l'intériorité, l'ouverture aux autres, notre regard sur le monde. Le silence, l'écoute de la parole de Dieu et le pardon – peut-être – seront précieux pour retrouver la liberté intérieure et la disponibilité à la rencontre des autres et de Dieu. ■

Quelles sont les modifications de ma vie qui m'apporteront le plus de liberté ?

Les détenus et la prière

Lire l'Écriture au quotidien apporte réconfort et espérance, davantage encore dans les épreuves. Les aumôneries de prison en témoignent. Le Fonds de solidarité de *Prions en Église*, qui vit de votre générosité, finance l'abonnement d'aumôneries de prison à la revue.

Grâce à vos dons, le Fonds de solidarité fait résonner la parole de Dieu jusque dans les centres de détention. De nombreux prisonniers, un peu partout en France, lisent et reprennent espoir.

Les laïcs engagés en aumôneries de prison témoignent d'une large utilisation de la revue, notamment à l'occasion de la messe dominicale. *Prions en Église* s'invite aussi jusque dans les cellules. « Tous les mois, j'apporte la revue à un détenu à l'isolement depuis près d'un an. Je sais que *Prions en Église* accompagne son quotidien, ça l'aide à briser sa solitude, à percer la muraille de son désespoir », confie Jean-Paul Tourvieille, retraité de 67 ans, aumônier à la maison d'arrêt d'Angoulême (16). « Lors du groupe de parole, le mercredi, nous lisons ensemble l'évangile du dimanche suivant, témoigne Ketty Pierson, 61 ans, aumônier au centre de détention d'Écrouves (54). Ils ressentent bien combien la Parole rejoint leur vie. Ils comprennent que le pardon est pour tous. Certains, il est vrai, se pensent trop coupables pour que Dieu leur pardonne. Je leur dis alors qu'ils demeurent enfants

SOLIDARITÉ

de Dieu, quoi qu'il arrive. » « Dans *Prions en Église,* ils aiment lire notamment les psaumes, constate Jean-Paul Tourvieille. Peut-être parce qu'ils expriment des sentiments personnels et que cela les apaise. » L'aumônier d'Angoulême note que les paroles bibliques acquièrent, en prison, « une densité et un poids particuliers ». Certains détenus reviennent vers Jean-Paul Tourvieille pour évoquer un article lu dans la revue, par exemple sur « la prière de la flûte », un objet concret qui ouvre au spirituel et à la vie intérieure.

La Parole, lue dans *Prions en Église,* ou entendue à la messe, en groupe de partage, joue aussi un rôle central dans la conversion de certains. Jean-Paul Tourvieille témoigne : « Tout récemment, un jeune de 17 ans, condamné à douze ans de prison, m'a fait part de son désir de cheminer vers le baptême. Nous n'en sommes qu'au début, mais cela va nous mener loin. » ■

Romain Mazenod

LE FONDS DE SOLIDARITÉ

Le Fonds de solidarité de *Prions en Église* aide à financer l'abonnement d'aumôneries de prison. Si vous voulez soutenir ce projet, vous pouvez adresser **vos dons par chèque à l'ordre de Bayard à :** *Prions en Église* – Fonds de solidarité – Bayard – TSA 60007 – 59714 Lille Cedex 9 ou sur librairie-prions.com/solidarite

Prier avec le Saint-Père

Intention pour l'évangélisation du mois de mars 2020

Que l'Église en Chine persévère dans la fidélité à l'Évangile et grandisse dans l'unité.

Pour vous aider à prier :
www.prieraucoeurdumonde.net

Sainte Françoise Romaine (1384-1440)

Xavier Lecœur, journaliste et historien

9 MARS
SAINTE FRANÇOISE ROMAINE

LES SAINTS

Une femme à l'écoute

Dans les œuvres d'art, sainte Françoise Romaine est souvent représentée avec un ange à ses côtés. Selon son confesseur, cette fervente chrétienne était favorisée d'une grâce mystique étonnante : elle avait la possibilité d'apercevoir son ange gardien ! Ce dernier la réprimandait dans ses manquements mais, surtout, il la soutenait et la réconfortait dans les épreuves. Elle n'en fut d'ailleurs pas épargnée : alors qu'elle aspirait à la vie religieuse, la jeune Françoise fut mariée contre son gré, à l'âge de 12 ans ; elle eut ensuite l'extrême douleur de perdre deux de ses trois enfants. Sans parler des soubresauts politiques : en 1409, lors de l'invasion de Rome par le roi de Naples Ladislas, sa maison fut pillée, ses •••

© Gaëtan Évrard

... biens confisqués et son mari banni pendant de longs mois !

Tous ces malheurs ne détournèrent pas Françoise de sa vie de prière, de pénitence et de charité. Avec sa belle-sœur Vannozza, elle se rendait dans les églises de la Ville éternelle, se confessant et communiant au moins une fois par semaine. Dans un même élan, elle prenait soin des malades et des mourants dans les hôpitaux et apportait de la nourriture aux plus pauvres. Son dévouement fut particulièrement remarquable lors de la famine et de l'épidémie de peste qui frappèrent Rome en 1414. Cette foi et cet altruisme suscitèrent l'admiration de plusieurs dames romaines, célibataires ou veuves, désireuses de s'adonner à la prière et à l'apostolat tout en restant dans le monde. Françoise eut l'idée de les réunir en une communauté – les oblates de Marie – rattachée aux bénédictins olivétains. Cette communauté (qui existe encore de nos jours) fut approuvée dès 1433 par le pape Eugène IV, mais Françoise ne la rejoignit qu'en 1436, après la mort de son mari.

Attentive à Dieu et aux autres, sainte Françoise Romaine a été canonisée en 1608. Elle est la sainte patronne de Rome, des automobilistes et des veuves.

UNE SAINTE POUR AUJOURD'HUI

« Écoutez-vous votre ange gardien ? », demandait le pape François en 2018. La vie de sainte Françoise Romaine et les écrits de nombreux autres saints (John Henry Newman, Padre Pio, Jean XXIII...) nous invitent à ne pas négliger ce « compagnon de route » que Dieu a placé à nos côtés.

SAINTS ET SAINTES DU MOIS DE MARS 2020

Xavier Lecœur, journaliste et historien

Chaque jour, l'Église fête plusieurs saints et bienheureux : ceux du calendrier romain, ceux des calendriers diocésains et ceux du calendrier des Églises orientales.
Tous les mois, Prions en Église *vous propose d'en découvrir quelques-uns.*

1er mars
St Aubin
(469-550)
Nommé sur le tard évêque d'Angers, il s'éleva courageusement contre les mœurs dissolues des seigneurs mérovingiens. Saint patron des villes d'Angers et de Guérande.

2 mars
Bx Charles le Bon
(vers 1081-1127)
Ce comte de Flandre, soucieux des plus pauvres, mena une existence ascétique. Il fut assassiné dans une église de Bruges, en pleine messe du mercredi des Cendres.

3 mars
Ste Catherine Drexel
(1858-1955)
Il y a vingt ans, le pape saint Jean-Paul II canonisait cette riche héritière de Philadelphie (États-Unis) qui consacra sa fortune et sa vie à améliorer la situation des Noirs et des Amérindiens. Fondatrice de la congrégation des sœurs du Saint-Sacrement.

4 mars
Bse Louise-Élisabeth de Lamoignon
(1763-1825)
« L'écriture sainte [...] doit être, par excellence, la nourriture du chrétien fidèle », rappelait la fondatrice des sœurs de la Charité de Saint-Louis, pour « l'éducation des petites filles pauvres et abandonnées ». Béatifiée à Vannes en 2012.

5 mars
St Adrien
(IVe siècle)
Martyr à Césarée de Palestine, sous la persécution de l'empereur Dioclétien.

6 mars
Ste Colette
(1381-1447)
Cette native de Corbie (Somme)

fut une grande réformatrice des Clarisses qu'elle ramena à la rigueur initialement voulue par sainte Claire d'Assise. Canonisée en 1807.

7 mars
St Paul le Simple
(IVe siècle)
Paysan égyptien. Saint Antoine le Grand éprouva longuement sa patience avant de l'admettre parmi les ermites du désert de la Thébaïde.

8 mars
St Jean de Dieu
(1495-1550)
« Nous avons trois devoirs envers Dieu : l'aimer, le servir, le révérer », affirmait ce Portugais qui après sa conversion à Grenade, y ouvrit un hôpital destiné à tous les nécessiteux. Ainsi naquit l'ordre des Frères hospitaliers de Saint-Jean-de-Dieu.

9 mars
Ste Françoise Romaine
(lire page 7)

10 mars
St Attale
(VIe-VIIe siècles)
Ce moine de Luxeuil aida saint Colomban à fonder l'abbaye de Bobbio (Italie). Il en devint l'abbé en 615, à la mort du grand missionnaire irlandais.

11 mars
St Euloge
(vers 800-859)
Prêtre martyr à Cordoue, alors capitale des musulmans d'Espagne.

12 mars
St Pol de Léon
(VIe siècle)
L'un des sept saints fondateurs de la Bretagne. Ermite sur l'île de Batz, il évangélisa le Finistère.

13 mars
St Léandre
(vers 550-vers 600)
Moine puis archevêque de Séville, il lutta contre l'hérésie arienne en Espagne et contribua à la conversion des rois wisigoths à la foi catholique.

14 mars
Bx Jacques Cusmano
(1843-1888)
« Jésus est caché dans la personne des pauvres », rappelait ce médecin et prêtre de Palerme, qui se dépensa sans compter pour les malades sans ressources. Béatifié en 1983.

15 mars
St Clément-Marie Hofbauer
(1751-1820)
Ce prêtre rédemptoriste autrichien

consolida sa congrégation en Pologne et dans les pays germaniques. Canonisé par saint Pie X en 1909.

16 mars
Bse Bénédicte
(vers 1214-1260)
En 1253, à la mort de sainte Claire, elle eut la lourde tâche de lui succéder comme abbesse du couvent Saint-Damien d'Assise.

17 mars
St Patrick
(390-461)
Gallois de naissance, il sema l'Évangile en Irlande, fondant églises et monastères, amenant les habitants à la foi chrétienne. Patron de l'Irlande.

18 mars
St Cyrille de Jérusalem
(IVe siècle)
« Meurs au péché, et vis pour la justice dès aujourd'hui », recommandait cet évêque de Jérusalem dans l'une des homélies qu'il adressa à des catéchumènes. Docteur de l'Église.

19 mars
St Joseph
(Ier siècle)
« Homme juste » (Mt 1, 19), époux de la Vierge Marie, il veilla sur Jésus comme un père. Gardien de la Sainte Famille, il continue aujourd'hui de protéger l'Église universelle, dont il est le saint patron.

20 mars
St Wulfran
(vers 640-vers 720)
Moine à l'abbaye bénédictine Saint-Wandrille de Fontenelle, il fut nommé évêque de Sens (Yonne). Au cours de ses missions en Frise (Pays-Bas), il évangélisa ce pays encore païen.

21 mars
Ste Bénédicte Cambiagio
(1791-1858)
Avec son mari, cette Génoise se voua à l'accueil et à l'éducation des jeunes filles pauvres et abandonnées. Canonisée en 2002.

22 mars
Bx Clémens Auguste Graf von Galen
(1878-1946)
Nommé évêque de Münster en 1933, il dénonça avec constance les exactions du régime hitlérien, notamment en 1941, lors de trois sermons retentissants. Béatifié en 2005.

23 mars
Ste Rebecca (Rafqa) Ar-Rayès
(1832-1914)
Cette religieuse maronite puisa

dans son union au Christ la force d'accepter les souffrances physiques qui l'éprouvèrent durement. Première sainte libanaise, canonisée en 2001.

24 mars
St Oscar Romero
(1917-1980)
Il y a quarante ans, Mgr Romero, archevêque de San Salvador et défenseur des pauvres, était assassiné alors qu'il célébrait la messe dans la chapelle d'un hôpital. Canonisé en 2018.

25 mars
Annonciation

26 mars
St Ludger
(vers 743-809)
Chargé par Charlemagne d'aller christianiser la Frise et la Saxe, il fonda un monastère à Münster, dont il devint le premier évêque. Apôtre de la Westphalie.

27 mars
Bx Louis-Édouard Cestac
(1801-1868)
« N'eussions-nous rien en ce monde, ni honneur, ni fortune, ni plaisir, si nous avons Dieu, nous avons tout », affirmait ce prêtre basque, fondateur des congrégations des Servantes de Marie et des Bernardines. Béatifié en 2015.

28 mars
Bse Jeanne-Marie de Maillé
(1331-1414)
À la mort de son mari, cette femme aisée se sépara de tous ses biens : elle se plaça à l'école de saint François et devint tertiaire franciscaine à Tours. Béatifiée en 1871.

29 mars
St Berthold
(XIIe siècle)
Originaire du Limousin, cet ancien croisé s'établit sur les flancs du mont Carmel, en Palestine, où il fonda le premier ermitage de l'ordre des Carmes.

30 mars
Bx Amédée IX de Savoie
(1435-1472)
Duc de Savoie et de Piémont, il fut un souverain très chrétien, s'adonnant à la prière, pratiquant le jeûne, adoucissant le sort des malheureux.

31 mars
St Benjamin
(Ve siècle)
Ce diacre, qui évangélisait la Perse avec son évêque, fut mis à mort pour avoir converti des sujets du roi, adorateur du dieu Soleil.

Prions avec les textes de la messe

DU 1ER AU 31 MARS 2020

Partagez vos intentions de prière

....

....

....

....

....

....

....

....

....

Envoyez vos intentions de prière à : *Prions en Église*, Intentions de prière, 18 rue Barbès, 92128 Montrouge Cedex.
Elles seront portées par les pèlerins qui partiront sur les traces de Moïse en Jordanie et en Terre sainte, du 4 au 14 mai 2020.

DIMANCHE 1ER MARS 2020

1ER DIMANCHE DE CARÊME

ANNÉE A COULEUR LITURGIQUE : VIOLET

La grâce, la vie et l'amour de Dieu, répandues en nos cœurs, surabondent depuis la Création. Dieu nous donne toujours bien au-delà de ce que nous pouvons imaginer. En ce Carême, suivons le Christ sur le chemin de la confiance. Nous ne pourrons pas nous perdre et nous marcherons vers notre bonheur.

OUVERTURE DE LA CÉLÉBRATION

Chant d'entrée *(Suggestions p. 250)*

OU

Antienne d'ouverture

« Quand mon serviteur m'appelle, dit le Seigneur,
je lui réponds, je reste près de lui dans son épreuve.
Je vais le délivrer, le glorifier, de longs jours je vais le rassasier. »
(Ps 90, 15-16)

Suggestion de préparation pénitentielle *(ou p. 225)*

Au début de ce Carême, prenons la route avec Dieu qui nous offre sans cesse sa miséricorde.

Seigneur Jésus, toi le Dieu Créateur, qui mets dans le cœur de l'homme ton souffle de vie, prends pitié de nous !

— Seigneur Jésus, prends pitié de nous !

Ô Christ, par ton amour, tu restaures en nous l'image de Dieu, prends pitié de nous !

— Ô Christ, prends pitié de nous !

Seigneur, toi dont la Parole éclaire nos discernements et nos décisions, prends pitié de nous !

— Seigneur, prends pitié de nous !

Que Dieu tout-puissant nous fasse miséricorde ; qu'il nous pardonne nos péchés et nous conduise à la vie éternelle. ***— Amen.***

Pendant le Carême, on omet le Gloire à Dieu.

Prière

Accorde-nous, Dieu tout-puissant, tout au long de ce Carême, de progresser dans la connaissance de Jésus Christ et de nous ouvrir à sa lumière par une vie de plus en plus fidèle. Lui qui… ***— Amen.***

LITURGIE DE LA PAROLE

Lecture du livre de la Genèse (2, 7-9 ; 3, 1-7a)

Création et péché de nos premiers parents

Le Seigneur Dieu modela l'homme avec la poussière tirée du sol ; il insuffla dans ses narines le souffle de vie, et l'homme devint un être vivant. Le Seigneur Dieu planta un jardin en Éden, à l'orient, et y plaça l'homme qu'il avait modelé. Le Seigneur Dieu fit pousser du sol toutes sortes d'arbres à l'aspect désirable et aux fruits savoureux ; il y avait aussi l'arbre de vie au milieu du jardin, et l'arbre de la connaissance du bien et du mal. Or le serpent était le plus rusé de tous les animaux des champs que le Seigneur Dieu avait faits. Il dit à la femme : « Alors, Dieu vous a vraiment dit : "Vous ne mangerez d'aucun arbre du jardin" ? » La femme répondit au serpent : « Nous mangeons les fruits des arbres du jardin. Mais, pour le fruit de l'arbre qui est au milieu du jardin, Dieu a dit : "Vous n'en mangerez pas, vous n'y toucherez pas, sinon vous mourrez." » Le serpent

dit à la femme : « Pas du tout ! Vous ne mourrez pas ! Mais Dieu sait que, le jour où vous en mangerez, vos yeux s'ouvriront, et vous serez comme des dieux, connaissant le bien et le mal. » La femme s'aperçut que le fruit de l'arbre devait être savoureux, qu'il était agréable à regarder et qu'il était désirable, cet arbre, puisqu'il donnait l'intelligence. Elle prit de son fruit, et en mangea. Elle en donna aussi à son mari, et il en mangea. Alors leurs yeux à tous deux s'ouvrirent et ils se rendirent compte qu'ils étaient nus. – Parole du Seigneur.

Psaume 50 (51)

℟ ***Pitié, Seigneur, car nous avons péché !***

T. : AELF ; M. : J.-P. Lécot ; ADF.

Pitié pour moi, mon Dieu, dans ton amour,
selon ta grande miséricorde, efface mon péché.
Lave-moi tout entier de ma faute,
purifie-moi de mon offense. ℟

Oui, je connais mon péché,
ma faute est toujours devant moi.
Contre toi, et toi seul, j'ai péché,
ce qui est mal à tes yeux, je l'ai fait. ℟

Retrouvez
ce psaume sur le CD
"Les psaumes
de l'année A"

Crée en moi un cœur pur, ô mon Dieu,
renouvelle et raffermis au fond de moi mon esprit.
Ne me chasse pas loin de ta face,
ne me reprends pas ton esprit saint. ℟

Rends-moi la joie d'être sauvé ;
que l'esprit généreux me soutienne.
Seigneur, ouvre mes lèvres,
et ma bouche annoncera ta louange. ℟

Lecture de la lettre de saint Paul apôtre aux Romains (5, 12-19)

Lecture brève : Rm 5, 12. 17-19

« Là où le péché s'est multiplié, la grâce a surabondé »

Frères, nous savons que par un seul homme, le péché est entré dans le monde, et que par le péché est venue la mort ; et ainsi, la mort est passée en tous les hommes, étant donné que tous ont péché.

Interruption de la lecture brève

Avant la loi de Moïse, le péché était déjà dans le monde, mais le péché ne peut être imputé à personne tant qu'il n'y a pas de loi.

Pourtant, depuis Adam jusqu'à Moïse, la mort a établi son règne, même sur ceux qui n'avaient pas péché par une transgression semblable à celle d'Adam. Or, Adam préfigure celui qui devait venir.
Mais il n'en va pas du don gratuit comme de la faute. En effet, si la mort a frappé la multitude par la faute d'un seul, combien plus la grâce de Dieu s'est-elle répandue en abondance sur la multitude, cette grâce qui est donnée en un seul homme, Jésus Christ.
Le don de Dieu et les conséquences du péché d'un seul n'ont pas la même mesure non plus : d'une part, en effet, pour la faute d'un seul, le jugement a conduit à la condamnation ; d'autre part, pour une multitude de fautes, le don gratuit de Dieu conduit à la justification.

Reprise de la lecture brève

Si, en effet, à cause d'un seul homme, par la faute d'un seul, la mort a établi son règne, combien plus, à cause de Jésus Christ et de lui seul, régneront-ils dans la vie, ceux qui reçoivent en abondance le don de la grâce qui les rend justes.
Bref, de même que la faute commise par un seul a conduit tous les hommes à la condamnation, de même l'accomplissement de la justice par un seul a conduit tous les hommes à la justification qui donne la vie. En effet, de même que par la désobéissance d'un seul être humain la multitude a été rendue pécheresse, de même par l'obéissance d'un seul la multitude sera-t-elle rendue juste.
– Parole du Seigneur.

Acclamation de l'Évangile

Ta Parole, Seigneur, est vérité, et ta loi, délivrance. L'homme ne vit pas seulement de pain, mais de toute parole qui sort de la bouche de Dieu. ***Ta Parole, Seigneur, est vérité, et ta loi, délivrance.***

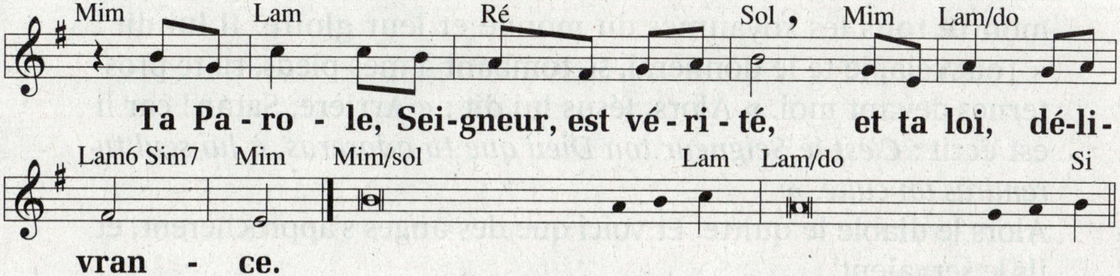

M. : P. Robert; T. : AELF; Bayard Liturgie.

Évangile de Jésus Christ selon saint Matthieu (4, 1-11)

Jésus jeûne quarante jours, puis est tenté

En ce temps-là, Jésus fut conduit au désert par l'Esprit pour être tenté par le diable. Après avoir jeûné quarante jours et quarante nuits, il eut faim. Le tentateur s'approcha et lui dit : « Si tu es Fils de Dieu, ordonne que ces pierres deviennent des pains. » Mais Jésus répondit : « Il est écrit : *L'homme ne vit pas seulement de pain, mais de toute parole qui sort de la bouche de Dieu.* »

Alors le diable l'emmène à la Ville sainte, le place au sommet du Temple et lui dit : « Si tu es Fils de Dieu, jette-toi en bas; car il est

écrit : *Il donnera pour toi des ordres à ses anges,* et : *Ils te porteront sur leurs mains, de peur que ton pied ne heurte une pierre.* » Jésus lui déclara : « Il est encore écrit : *Tu ne mettras pas à l'épreuve le Seigneur ton Dieu.* »
Le diable l'emmène encore sur une très haute montagne et lui montre tous les royaumes du monde et leur gloire. Il lui dit : « Tout cela, je te le donnerai, si, tombant à mes pieds, tu te prosternes devant moi. » Alors, Jésus lui dit : « Arrière, Satan ! car il est écrit : *C'est le Seigneur ton Dieu que tu adoreras, à lui seul tu rendras un culte.* »
Alors le diable le quitte. Et voici que des anges s'approchèrent, et ils le servaient.

Homélie

Profession de foi *(p. 227)*

Suggestion de prière universelle

Le prêtre :

Le Fils de Dieu nous montre le chemin pour que nous remettions nos vies en toute confiance. Avec lui, déposons nos prières au Père qui nous aime.

℟ ***Toi qui nous aimes, écoute-nous, Seigneur.***

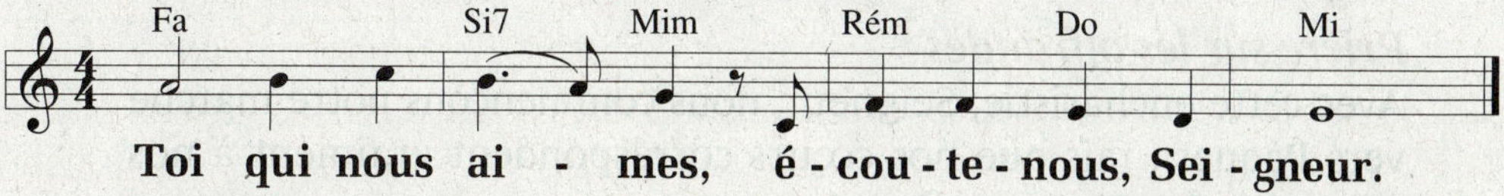

Y 55-4 SM; T. : M. Scouarnec; M. : J. Akepsimas.

Le diacre ou un lecteur :

Avec le pape François, nous prions pour que l'Église de Chine persévère dans la fidélité à l'Évangile et grandisse dans l'unité. Seigneur, nous te prions. ℟

Pour ceux qui doivent prendre une décision importante, ceux qui sont tentés par la facilité ou l'indifférence. Seigneur, nous te prions. ℟

Pour ceux qui sont puissants en ce monde, afin qu'ils mettent leur pouvoir au service de leurs frères. Seigneur, nous te prions. ℟

Pour ceux qui manquent de pain, ceux qui, dans leur vie, marchent sur la crête de routes vertigineuses et difficiles. Seigneur, nous te prions. ℟

(Ces intentions seront adaptées ou modifiées selon les circonstances.)

Le prêtre :
Dieu notre Père, toi qui n'abandonnes jamais ceux qui te font confiance, réponds à notre prière. Nous te le demandons par Jésus, le Christ, notre Seigneur. ***— Amen.***

LITURGIE EUCHARISTIQUE

Prière sur les offrandes

Avec cette eucharistie, Seigneur, nous commençons notre marche vers Pâques : fais que nos cœurs correspondent vraiment à nos offrandes. Par Jésus… ***— Amen.***

Prière eucharistique *(Préface du 1er dimanche de Carême)*

Vraiment, il est juste et bon de te rendre gloire, de t'offrir notre action de grâce, toujours et en tout lieu, à toi, Père très saint, Dieu éternel et tout-puissant, par le Christ, notre Seigneur. En jeûnant quarante jours au désert, il consacrait le temps du Carême ; lorsqu'il déjouait les pièges du Tentateur, il nous apprenait à résister au péché, pour célébrer d'un cœur pur le mystère pascal, et parvenir enfin à la Pâque éternelle. C'est pourquoi, avec tous les anges et tous les saints, nous chantons l'hymne de ta gloire et nous proclamons :
Saint ! Saint ! Saint…

Chant de communion *(Suggestions p. 250)*

OU

Antienne de la communion

Ce n'est pas seulement de pain que l'homme doit vivre,
mais de toute parole qui sort de la bouche de Dieu.
(Mt 4, 4)

OU

Le Seigneur te libère, il te prend sous sa protection.
(Ps 90, 4)

Prière après la communion

Le pain que nous avons reçu de toi, Seigneur notre Dieu, a renouvelé nos cœurs : il nourrit la foi, fait grandir l'espérance et donne la force d'aimer; apprends-nous à toujours avoir faim du Christ, seul pain vivant et vrai, et à vivre de toute parole qui sort de ta bouche. Par Jésus… ***— Amen.***

CONCLUSION DE LA CÉLÉBRATION

Bénédiction

Envoi

COMMENTAIRE DU DIMANCHE

Père Luc Forestier, oratorien, directeur de l'Iséo
(Institut catholique de Paris)

Vers Pâques… et la Pentecôte !

Avec l'entrée en Carême, trois mois s'ouvrent devant nous ! L'horizon est fixé sur le 31 mai prochain et le dimanche de Pentecôte qui achève le temps pascal. Beaucoup de nos propositions pastorales insistent sur le Carême plus que sur le temps pascal. Mais la liturgie accorde cinquante jours au déploiement de la résurrection du Christ, davantage qu'à sa préparation en quarante jours. Et ces trois mois d'une vie liturgique intense et variée nous donnent accès aux plus belles pages des Écritures. Or, dans l'écoute de la parole de Dieu, c'est déjà l'Esprit de Pentecôte que nous pouvons invoquer. Les lectures de ce premier dimanche de Carême convergent sur le risque mortel de tordre l'Écriture. Dans l'évangile de Matthieu comme dans la Genèse, le tentateur gauchit volontairement la parole de Dieu. Ce mensonge

initial perturbe Ève puis Adam, tandis que Jésus résiste à cette manœuvre diabolique en s'appuyant sur sa relation au Père.
Nous connaissons les risques d'une lecture fondamentaliste de la Bible, mais l'Écriture elle-même nous prévient d'un danger structurel, celui de recevoir la parole de Dieu en la tordant à notre profit. La pédagogie de la liturgie est donc d'insérer la lecture des Écritures à l'intérieur d'un cadre qui doit nous protéger de toute manipulation mortifère.
En ce jour où nous communions au Christ vainqueur des tentations, nous nous mettons à l'école de son attitude vis-à-vis du pouvoir et de l'avoir, en accueillant comme lui la vie qui vient du Père. Puisse l'Esprit, dans ces trois mois essentiels, nous donner de recevoir la parole de Dieu sans la gauchir. ■

“ Dans l'écoute de la Parole, c'est déjà l'Esprit de Pentecôte que nous pouvons invoquer. ”

LIRE L'ÉVANGILE AVEC LES ENFANTS

CE QUE JE DÉCOUVRE

Quand le diable tente Jésus au désert, il essaie de l'embrouiller. Mais Jésus n'est pas dupe. C'est pourquoi il peut lui résister. Il répond en citant les Écritures. **L'Esprit de Dieu est avec Jésus, il est aussi avec nous.** Il fait vivre en nous la présence du Seigneur, il nous accompagne dans nos prières. Grâce à l'Esprit, nous redisons notre confiance à Dieu. Lui seul donne la vie.

CE QUE JE VIS

Imagine la suite de ces phrases :

– « L'homme ne vit pas seulement de pain. »
Il vit aussi de...

– « C'est le Seigneur ton Dieu que tu adoreras. »
Tu préféreras donc Dieu à..

Dans ton coin prière, dessine un chemin avec des cailloux. Ce chemin t'aidera pendant le Carême.

Texte : Père Pierre-Marie Leroy. Illustrations : Marcelino Truong

MÉDITATION BIBLIQUE

1ER DIMANCHE DE CARÊME

Livre de la Genèse 2, 7-9; 3, 1-7a

Sens interdit

En ne comprenant pas correctement l'interdit de l'arbre de la connaissance, Adam et Ève se mettent en difficulté. Le Carême permet de réfléchir au sens que recouvre la limite.

Le temps de la préparation

« Tu peux manger les fruits de tous les arbres du jardin ; mais l'arbre de la connaissance du bien et du mal, tu n'en mangeras pas » (Gn 2, 16-17).

Le temps de l'observation

La question du serpent donne à la femme l'occasion d'exprimer à voix haute ce qu'elle sait de l'interdiction concernant l'arbre au milieu du jardin. Après avoir rappelé que le don de Dieu est premier et concerne tous les arbres, elle rajoute : « Mais, pour le fruit de l'arbre qui est au milieu du jardin, Dieu a dit : "Vous n'en mangerez pas, vous n'y toucherez pas, sinon vous mourrez." » Pour répondre, Ève répète une interdiction qu'elle n'a pas pu entendre, n'étant pas encore créée au moment où Dieu la donne à Adam. Or la réponse d'Ève ne correspond pas à ce qu'a dit Dieu •••

…qui a seulement demandé de ne pas manger de l'arbre. Il est possible que la transmission ne se soit pas bien faite entre Adam et Ève. Mais il est également envisageable qu'Ève, pour protéger l'interdit, l'ait accentué. Elle aurait alors rajouté l'interdiction de toucher l'arbre qui n'apparaît pas dans l'injonction première de Dieu.

Le temps de la méditation

Toucher l'arbre, ne pas le toucher, après tout quelle importance ? La différence est pourtant majeure. En rajoutant de l'interdit à l'interdit, Ève amoindrit la force de l'injonction divine. Pourquoi ne pas imaginer Ève se dire, touchant l'arbre sans en mourir, que le serpent avait raison de traiter Dieu de menteur ? Rajouter de l'interdit est une activité dangereuse qui contribue à amoindrir le sens de ce qu'il ne faut vraiment pas faire. L'élargissement du périmètre à ne pas dépasser rend plus compliqué, moins lisible, moins crédible, plus fragile ce qu'il s'agit de respecter.

Toute règle doit être comprise pour être vécue et défendue comme le fait si bien Jésus dans l'épisode des tentations au désert. Le Carême n'est pas un temps pour rajouter de l'interdit à l'interdit. Il s'agit d'un espace dans le temps pour repenser et prendre soin de ce à quoi nous tenons vraiment, un temps pour mieux comprendre les limites auxquelles nous nous soumettons pour mieux en vivre.

Le temps de la prière

« Rends-moi la joie d'être sauvé ; que l'esprit généreux me soutienne » Ps 50 (51), 14. ■

Marie-Laure Durand, bibliste

LUNDI 2 MARS 2020

1RE SEMAINE DE CARÊME COULEUR LITURGIQUE : VIOLET

Temps du Carême, *messe de la férie*

Antienne d'ouverture

Comme l'esclave suit des yeux la main de son maître,
nous levons les yeux vers le Seigneur notre Dieu,
espérant sa pitié. (Ps 122, 2-3)

Prière

Fais-nous revenir à toi, Dieu notre Sauveur, et pour que ce Carême nous soit profitable, ouvre nos esprits à l'intelligence de ta loi. Par Jésus Christ… ***— Amen.***

Lecture

du livre des Lévites (19, 1-2. 11-18)

« Tu jugeras ton compatriote avec justice »

Le Seigneur parla à Moïse et dit : « Parle à toute l'assemblée des fils d'Israël. Tu leur diras : Soyez saints, car moi, le Seigneur votre Dieu, je suis saint.
Vous ne volerez pas, vous ne mentirez pas, vous ne tromperez aucun de vos compatriotes. Vous ne ferez pas de faux serments par mon nom : tu profanerais le nom de ton Dieu. Je suis le Seigneur.
Tu n'exploiteras pas ton prochain, tu ne le dépouilleras pas : tu ne retiendras pas jusqu'au matin la paye du salarié. Tu ne maudiras pas un sourd, tu ne mettras pas d'obstacle devant

un aveugle : tu craindras ton Dieu. Je suis le Seigneur.
Quand vous siégerez au tribunal, vous ne commettrez pas d'injustice ; tu n'avantageras pas le faible, tu ne favoriseras pas le puissant : tu jugeras ton compatriote avec justice. Tu ne répandras pas de calomnies contre quelqu'un de ton peuple, tu ne réclameras pas la mort de ton prochain. Je suis le Seigneur. Tu ne haïras pas ton frère dans ton cœur. Mais tu devras réprimander ton compatriote, et tu ne toléreras pas la faute qui est en lui. Tu ne te vengeras pas. Tu ne garderas pas de rancune contre les fils de ton peuple. Tu aimeras ton prochain comme toi-même. Je suis le Seigneur. »
– Parole du Seigneur.

Psaume 18B (19)

℟ ***Tes paroles, Seigneur, sont esprit et elles sont vie.***

La loi du Seigneur est parfaite,
qui redonne vie ;
la charte du Seigneur est sûre,
qui rend sages les simples. ℟

Les préceptes du Seigneur sont droits,
ils réjouissent le cœur ;
le commandement du Seigneur est limpide,
il clarifie le regard. ℟

La crainte qu'il inspire est pure,
elle est là pour toujours ;
les décisions du Seigneur sont justes
et vraiment équitables. ℟

Accueille les paroles de ma bouche,
le murmure de mon cœur ;
qu'ils parviennent devant toi,
Seigneur, mon rocher, mon défenseur ! ℟

Acclamation de l'Évangile

Louange à toi, Seigneur, Roi d'éternelle gloire ! Voici maintenant le moment favorable, voici maintenant le jour du salut. ***Louange à toi, Seigneur, Roi d'éternelle gloire !***

Évangile de Jésus Christ

selon saint Matthieu (25, 31-46)

« Chaque fois que vous l'avez fait à l'un de ces plus petits de mes frères, c'est à moi que vous l'avez fait »

En ce temps-là, Jésus disait à ses disciples : « Quand le Fils de l'homme viendra dans sa gloire, et tous les anges avec lui, alors il siégera sur son trône de gloire. Toutes les nations seront rassemblées devant lui ; il séparera les hommes les uns des autres, comme le berger sépare les brebis des boucs : il placera les brebis à sa droite, et les boucs à gauche.

« Alors le Roi dira à ceux qui seront à sa droite : "Venez, les bénis de mon Père, recevez en héritage le Royaume préparé pour vous depuis la fondation du monde. Car j'avais faim, et vous m'avez donné à manger ; j'avais soif, et vous m'avez donné à boire ; j'étais un étranger, et vous m'avez accueilli ; j'étais nu, et vous m'avez habillé ; j'étais malade, et vous m'avez visité ; j'étais en prison, et vous êtes venus jusqu'à moi !" Alors les justes lui répondront : "Seigneur, quand est-ce que nous t'avons vu... ? tu avais donc faim, et nous t'avons nourri ? tu avais soif, et nous t'avons donné à boire ? tu étais un étranger, et nous t'avons accueilli ? tu étais nu, et nous t'avons habillé ? tu étais malade ou en prison... Quand sommes-nous venus jusqu'à toi ?" Et

le Roi leur répondra : “Amen, je vous le dis : chaque fois que vous l’avez fait à l’un de ces plus petits de mes frères, c’est à moi que vous l’avez fait.”
« Alors il dira à ceux qui seront à sa gauche : “Allez-vous-en loin de moi, vous les maudits, dans le feu éternel préparé pour le diable et ses anges. Car j’avais faim, et vous ne m’avez pas donné à manger ; j’avais soif, et vous ne m’avez pas donné à boire ; j’étais un étranger, et vous ne m’avez pas accueilli ; j’étais nu, et vous ne m’avez pas habillé ; j’étais malade et en prison, et vous ne m’avez pas visité.” Alors ils répondront, eux aussi : “Seigneur, quand t’avons-nous vu avoir faim, avoir soif, être nu, étranger, malade ou en prison, sans nous mettre à ton service ?” Il leur répondra : “Amen, je vous le dis : chaque fois que vous ne l’avez pas fait à l’un de ces plus petits, c’est à moi que vous ne l’avez pas fait.” Et ils s’en iront, ceux-ci au châtiment éternel, et les justes, à la vie éternelle. »

Prière sur les offrandes

Accepte, Seigneur, notre fervent sacrifice : qu’il sanctifie notre vie, en nous donnant ta grâce, et nous obtienne ton pardon. Par Jésus… — ***Amen.***

Préfaces du Carême, p. 231.

Antienne de la communion

« Vraiment, dit le Seigneur,
tout ce que vous avez fait à l’un
de ces petits qui sont mes frères,
c’est à moi que vous l’avez fait.
Venez, les bénis de mon Père,
recevez en héritage le royaume
préparé pour vous depuis la création
du monde. » (Mt 25, 40 et 34)

Prière après la communion

Fais-nous trouver dans cette communion, Seigneur, un secours pour l'âme et pour le corps, afin que nous goûtions la joie d'être tout entiers sauvés par ce sacrement. Par Jésus… ***— Amen.***

INVITATION

Je prends le temps de lire les paragraphes 14 à 18 de *La joie et l'allégresse*, l'enseignement du pape François sur la sainteté des petits gestes du quotidien.

COMMENTAIRE

Charité comblée

Matthieu 25, 31-46

« J'ai l'impression d'avoir davantage reçu que je n'ai donné. » Nous avons sans doute fait l'expérience d'une joie inattendue et bienvenue, lors de la visite à un malade, à un prisonnier, à une personne isolée… : celle d'une charité comblée. « C'est en donnant qu'on reçoit », proclame saint François dans sa prière. En nous souciant du prochain, ne percevons-nous pas l'indicible présence du Christ ? En nourrissant ceux qui ont faim d'amitié, ne sommes-nous pas rassasiés d'une manne céleste ? ■

***Père Thibault Van Den Driessche**, assomptionniste*

MARDI 3 MARS 2020

1RE SEMAINE DE CARÊME COULEUR LITURGIQUE : VIOLET

Temps du Carême, *messe de la férie*

Antienne d'ouverture

D'âge en âge, Seigneur, tu as été notre refuge,
depuis toujours et pour toujours, tu es Dieu.

(Ps 89, 1-2)

Prière

Regarde ta famille, Seigneur ; et fais que notre esprit, affiné par la maîtrise de nos sens, resplendisse à tes yeux du désir de te trouver. Par Jésus Christ…

— Amen.

Lecture

du livre du prophète Isaïe (55, 10-11)

Ma parole fait ce qui me plaît

Ainsi parle le Seigneur : « La pluie et la neige qui descendent des cieux n'y retournent pas sans avoir abreuvé la terre, sans l'avoir fécondée et l'avoir fait germer, donnant la semence au semeur et le pain à celui qui doit manger ; ainsi ma parole, qui sort de ma bouche, ne me reviendra pas sans résultat, sans avoir fait ce qui me plaît, sans avoir accompli sa mission. »

– Parole du Seigneur.

Psaume 33 (34)

℟ ***De toutes leurs angoisses, Dieu délivre les justes.***

Magnifiez avec moi le Seigneur,
exaltons tous ensemble son nom.
Je cherche le Seigneur, il me répond :
de toutes mes frayeurs, il me délivre. ℟

Qui regarde vers lui resplendira,
sans ombre ni trouble au visage.
Un pauvre crie ; le Seigneur entend :
il le sauve de toutes ses angoisses. ℟

Le Seigneur regarde les justes,
il écoute, attentif à leurs cris.
Le Seigneur affronte les méchants
pour effacer de la terre leur mémoire. ℟

Le Seigneur entend ceux qui l'appellent :
de toutes leurs angoisses, il les délivre.
Il est proche du cœur brisé,
il sauve l'esprit abattu. ℟

Acclamation de l'Évangile

Ta Parole, Seigneur, est vérité, et ta loi, délivrance. L'homme ne vit pas seulement de pain, mais de toute parole qui sort de la bouche de Dieu. ***Ta Parole, Seigneur, est vérité, et ta loi, délivrance.***

Évangile de Jésus Christ

selon saint Matthieu (6, 7-15)

« Vous donc, priez ainsi »

En ce temps-là, Jésus disait à ses disciples : « Lorsque vous priez, ne rabâchez pas comme les païens : ils s'imaginent qu'à force de paroles ils seront exaucés. Ne les imitez donc pas, car votre Père sait de quoi vous

avez besoin, avant même que vous l'ayez demandé. Vous donc, priez ainsi : Notre Père, qui es aux cieux, que ton nom soit sanctifié, que ton règne vienne, que ta volonté soit faite sur la terre comme au ciel. Donne-nous aujourd'hui notre pain de ce jour. Remets-nous nos dettes, comme nous-mêmes nous remettons leurs dettes à nos débiteurs. Et ne nous laisse pas entrer en tentation, mais délivre-nous du Mal.
Car, si vous pardonnez aux hommes leurs fautes, votre Père céleste vous pardonnera aussi. Mais si vous ne pardonnez pas aux hommes, votre Père non plus ne pardonnera pas vos fautes. »

Prière sur les offrandes

Maître et créateur de toute chose, accepte les présents que nous avons reçus de toi ; tu nous les as donnés pour notre vie sur la terre : qu'ils deviennent porteurs de vie éternelle. Par Jésus… ***— Amen.***

Préfaces du Carême, p. 231.

Antienne de la communion

Je t'appelle, réponds-moi,
Dieu, ma justice,
toi qui me sors de la détresse :
prends pitié de moi !
écoute ma prière ! (Ps 4, 2)

Prière après la communion

Puissions-nous trouver dans ces mystères, Seigneur, la grâce qui assagira nos désirs terrestres pour nous faire aimer les biens du ciel. Par Jésus…
— Amen.

INVITATION

« Et ne nous laisse pas tomber à la récréation », disait une enfant de 4 ans. Je prie Notre Père avec sincérité, en laissant parler mon cœur.

COMMENTAIRE

Trésor caché Isaïe 55, 10-11

La Bible n'est pas un simple patrimoine culturel. À travers elle, Dieu nous parle, soutient nos pas vacillants, débusque nos suffisances, nous entraîne sur les voies de la fraternité… « Dans sa parole, assure saint Éphrem, le Seigneur a caché tous les trésors, pour que chacun de nous trouve une richesse dans ce qu'il médite. » Le Carême n'est-il pas une belle occasion pour (re)démarrer une lecture priante, attentive, amoureuse de la parole de Dieu ? ■

***Père Thibault Van Den Driessche,** assomptionniste*

MERCREDI 4 MARS 2020

1RE SEMAINE DE CARÊME COULEUR LITURGIQUE : VIOLET

Temps du Carême, *messe de la férie*
(Saint Casimir)

Antienne d'ouverture

Rappelle-toi, Seigneur, tes tendresses, l'amitié, que tu nous as montrées depuis toujours. Que jamais le mal n'ait raison de nous ; délivre-nous de toutes nos angoisses. (Ps 24, 6. 2. 22)

Prière

Regarde, Seigneur, avec bienveillance ton peuple qui cherche à mieux te servir : tandis qu'en nous imposant des privations nous maîtrisons notre corps, permets qu'en agissant selon le bien, nous obtenions un esprit nouveau. Par Jésus Christ…
— Amen.

Lecture

du livre du prophète Jonas (3, 1-10)

« Les gens de Ninive se détournèrent de leur conduite mauvaise »

La parole du Seigneur fut adressée à Jonas : « Lève-toi, va à Ninive, la grande ville païenne, proclame le message que je te donne sur elle. » Jonas se leva et partit pour Ninive, selon la parole du Seigneur. Or, Ninive était une ville extraordinairement grande : il fallait trois jours pour la traverser. Jonas la parcourut une journée à peine en proclamant : « Encore quarante jours, et Ninive sera détruite ! » Aussitôt, les gens de

Ninive crurent en Dieu. Ils annoncèrent un jeûne, et tous, du plus grand au plus petit, se vêtirent de toile à sac. La chose arriva jusqu'au roi de Ninive. Il se leva de son trône, quitta son manteau, se couvrit d'une toile à sac, et s'assit sur la cendre. Puis il fit crier dans Ninive ce décret du roi et de ses grands : « Hommes et bêtes, gros et petit bétail, ne goûteront à rien, ne mangeront pas et ne boiront pas. Hommes et bêtes, on se couvrira de toile à sac, on criera vers Dieu de toute sa force, chacun se détournera de sa conduite mauvaise et de ses actes de violence. Qui sait si Dieu ne se ravisera pas et ne se repentira pas, s'il ne reviendra pas de l'ardeur de sa colère ? Et alors nous ne périrons pas ! »
En voyant leur réaction, et comment ils se détournaient de leur conduite mauvaise, Dieu renonça au châtiment dont il les avait menacés.
– Parole du Seigneur.

Psaume 50 (51)

℟ ***Tu ne repousses pas, ô mon Dieu, un cœur brisé et broyé.***

Pitié pour moi, mon Dieu, dans ton amour,
selon ta grande miséricorde, efface mon péché.
Lave-moi tout entier de ma faute,
purifie-moi de mon offense. ℟

Crée en moi un cœur pur, ô mon Dieu,
renouvelle et raffermis
au fond de moi mon esprit.
Ne me chasse pas loin de ta face,
ne me reprends pas ton esprit saint. ℟

Si j'offre un sacrifice, tu n'en veux pas,
tu n'acceptes pas d'holocauste.
Le sacrifice qui plaît à Dieu, c'est un esprit brisé ;
tu ne repousses pas, ô mon Dieu,
un cœur brisé et broyé. ℟

Acclamation de l'Évangile

Gloire à toi, Seigneur, honneur, puissance et majesté ! Maintenant, dit le Seigneur, revenez à moi de tout votre cœur, car je suis tendre et miséricordieux. ***Gloire à toi, Seigneur, honneur, puissance et majesté !***

Évangile de Jésus Christ

selon saint Luc (11, 29-32)

« À cette génération il ne sera donné que le signe de Jonas le prophète »

En ce temps-là, comme les foules s'amassaient, Jésus se mit à dire : « Cette génération est une génération mauvaise : elle cherche un signe, mais en fait de signe il ne lui sera donné que le signe de Jonas. Car Jonas a été un signe pour les habitants de Ninive ; il en sera de même avec le Fils de l'homme pour cette génération. Lors du Jugement, la reine de Saba se dressera en même temps que les hommes de cette génération, et elle les condamnera. En effet, elle est venue des extrémités de la terre pour écouter la sagesse de Salomon, et il y a ici bien plus que Salomon. Lors du Jugement, les habitants de Ninive se lèveront en même temps que cette génération, et ils la condamneront ; en effet, ils se sont convertis en réponse à la proclamation faite par Jonas, et il y a ici bien plus que Jonas. »

Prière sur les offrandes

Nous te présentons, Seigneur notre Dieu, les biens que tu nous donnes pour qu'ils te soient consacrés : en devenant pour nous un sacrement, qu'ils nous apportent l'éternelle guérison. Par Jésus… — ***Amen.*** *Préfaces du Carême, p. 231.*

Antienne de la communion
Qu'ils obtiennent la joie, Seigneur, ceux qui t'espèrent, une joie éternelle en ta présence. (Ps 5, 12)

Prière après la communion
Tu ne cesses jamais de nous proposer, Seigneur, les sacrements qui soutiennent nos forces ; fais que cette nourriture nous donne la vie éternelle. Par Jésus… ***— Amen.***

INVITATION

Je décide d'un geste concret qui, à mon niveau, prend soin des ressources de la Création.

COMMENTAIRE

Un goût amer

Jonas 3, 1-10 ; Luc 11, 29-32

La parole de Dieu peut nous être douce comme le miel. Elle peut aussi remplir nos entrailles d'amertume (cf. Ap 10, 10), quand nous avons besoin de quitter nos complaisances avec le Mal, de choisir le chemin de la vie. « L'amertume, affirme le pape François, est souvent offerte lorsqu'on saisit à quel point il nous est difficile de vivre la Parole de manière cohérente. » Aux appels de Jonas à la conversion, les Ninivites ont obtempéré aussitôt. N'avons-nous pas bien plus que Jonas ? ■

Père Thibault Van Den Driessche*, assomptionniste*

JEUDI 5 MARS 2020

1RE SEMAINE DE CARÊME COULEUR LITURGIQUE : VIOLET

Temps du Carême, *messe de la férie*

Antienne d'ouverture

Accueille ma prière, Seigneur, comprends ma plainte.
Entends ma voix qui t'appelle, ô mon Roi et mon Dieu.
(Ps 5, 2-3)

Prière

Inspire-nous, Seigneur, de toujours concevoir ce qui est juste et de l'accomplir avec empressement ; sans toi nous ne pouvons pas exister, fais-nous vivre en accord avec toi. Par Jésus Christ… — ***Amen.***

Lecture

du livre d'Esther (4, 17)

« Je n'ai pas d'autre secours que toi, Seigneur »

En ces jours-là, la reine Esther, dans l'angoisse mortelle qui l'étreignait, chercha refuge auprès du Seigneur. Se prosternant à terre avec ses servantes du matin jusqu'au soir, elle disait : « Dieu d'Abraham, Dieu d'Isaac, Dieu de Jacob, tu es béni. Viens à mon secours car je suis seule, et je n'ai pas d'autre défenseur que toi, Seigneur. Car je vais jouer avec le danger.

« Dans les livres de mes ancêtres, Seigneur, j'ai appris que ceux qui te plaisent, tu les libères pour toujours,

Seigneur. Et maintenant, aide-moi, car je suis solitaire et je n'ai que toi, Seigneur mon Dieu. Maintenant, viens me secourir car je suis orpheline, et mets sur mes lèvres un langage harmonieux quand je serai en présence de ce lion ; fais que je trouve grâce devant lui, et change son cœur : qu'il se mette à détester celui qui nous combat, qu'il le détruise avec tous ses partisans. Et nous, libère-nous de la main de nos ennemis ; rends-nous la joie après la détresse et le bien-être après la souffrance. »

– Parole du Seigneur.

Psaume 137 (138)

℟ ***Quand je crie vers toi, Seigneur, tu réponds à mon appel.***

De tout mon cœur, Seigneur, je te rends grâce :
tu as entendu les paroles de ma bouche.
Je te chante en présence des anges,
vers ton temple sacré, je me prosterne. ℟

Je rends grâce à ton nom pour ton amour et ta vérité,
car tu élèves, au-dessus de tout, ton nom et ta parole.
Le jour où tu répondis à mon appel,
tu fis grandir en mon âme la force. ℟

Ta droite me rend vainqueur.
Le Seigneur fait tout pour moi !
Seigneur, éternel est ton amour :
n'arrête pas l'œuvre de tes mains. ℟

Acclamation de l'Évangile

Gloire et louange à toi, Seigneur Jésus ! Crée en moi un cœur pur, ô mon Dieu ; rends-moi la joie d'être sauvé. ***Gloire et louange à toi, Seigneur Jésus !***

Évangile de Jésus Christ

selon saint Matthieu (7, 7-12)

« Quiconque demande reçoit »

En ce temps-là, Jésus disait à ses disciples : « Demandez, on vous donnera ; cherchez, vous trouverez ; frappez, on vous ouvrira. En effet, quiconque demande reçoit ; qui cherche trouve ; à qui frappe, on ouvrira. Ou encore : lequel d'entre vous donnera une pierre à son fils quand il lui demande du pain ? ou bien lui donnera un serpent, quand il lui demande un poisson ? Si donc vous, qui êtes mauvais, vous savez donner de bonnes choses à vos enfants, combien plus votre Père qui est aux cieux donnera-t-il de bonnes choses à ceux qui les lui demandent ! Donc, tout ce que vous voudriez que les autres fassent pour vous, faites-le pour eux, vous aussi : voilà ce que disent la Loi et les Prophètes. »

Prière sur les offrandes

Sois favorable à nos humbles demandes, Seigneur : reçois les dons et les prières de ton peuple, tourne vers toi le cœur de chacun d'entre nous. Par Jésus… ***– Amen.***

Préfaces du Carême, p. 231.

Antienne de la communion

Celui qui demande, reçoit ;
celui qui cherche, trouve ;
et à celui qui frappe, on ouvrira.
(Mt 7, 8)

Prière après la communion

Nous t'en prions, Seigneur notre Dieu, toi qui nous donnes ces mystères sacrés pour affermir notre relèvement : fais qu'ils nous apportent la guérison maintenant et pour l'éternité. Par Jésus…
— *Amen.*

INVITATION

Aujourd'hui, tout simplement, je souris aux personnes que je rencontre.

COMMENTAIRE

Supplications et distractions Esther 4, 17 ; psaume 137

Que devient un homme qui cesse d'inspirer ? Et un chrétien, qui cesse de prier ? Respiration de notre cœur, la prière nous est vitale comme l'oxygène l'est aux poumons, à la vie. Tout peut être occasion de prière. Les angoisses mortelles qui – comme la reine Esther – peuvent nous assaillir stimulent nos supplications. Les prières exaucées, comme celles du psalmiste, suscitent la gratitude. « Même les distractions, écrit Madeleine Delbrêl, deviennent "prières" quand on pense à elles avec Dieu. » ■

***Père Thibault Van Den Driessche,** assomptionniste*

VENDREDI 6 MARS 2020

1RE SEMAINE DE CARÊME COULEUR LITURGIQUE : VIOLET

Temps du Carême, *messe de la férie*

Antienne d'ouverture

Dégage-moi de mes tourments, Seigneur ;
vois ma misère et ma peine,
enlève tous mes péchés. (Ps 24, 17-18)

Prière

Accorde à tes fidèles, Seigneur, de s'appliquer de toute leur âme à la préparation de Pâques : que le renoncement imposé à notre corps porte en chacun de nous des fruits spirituels. Par Jésus Christ… ***— Amen.***

Lecture

du livre du prophète Ézékiel (18, 21-28)

« Prendrais-je donc plaisir à la mort du méchant, et non pas plutôt à ce qu'il se détourne de sa conduite et qu'il vive ? »

Ainsi parle le Seigneur Dieu : Si le méchant se détourne de tous les péchés qu'il a commis, s'il observe tous mes décrets, s'il pratique le droit et la justice, c'est certain, il vivra, il ne mourra pas. On ne se souviendra d'aucun des crimes qu'il a commis, il vivra à cause de la justice qu'il a pratiquée. Prendrais-je donc plaisir à la mort du méchant – oracle du Seigneur Dieu –, et non pas plutôt à ce qu'il se détourne de sa conduite

et qu'il vive* ? Mais le juste, s'il se détourne de sa justice et fait le mal en imitant toutes les abominations du méchant, il le ferait et il vivrait ? Toute la justice qu'il avait pratiquée, on ne s'en souviendra plus : à cause de son infidélité et de son péché, il mourra !
Et pourtant vous dites : « La conduite du Seigneur n'est pas la bonne. » Écoutez donc, fils d'Israël : est-ce ma conduite qui n'est pas la bonne ? N'est-ce pas plutôt la vôtre ? Si le juste se détourne de sa justice, commet le mal, et meurt dans cet état, c'est à cause de son mal qu'il mourra. Si le méchant se détourne de sa méchanceté pour pratiquer le droit et la justice, il sauvera sa vie. Il a ouvert les yeux et s'est détourné de ses crimes. C'est certain, il vivra, il ne mourra pas.
– Parole du Seigneur.

Psaume 129 (130)

℟ ***Si tu retiens les fautes, Seigneur, Seigneur, qui subsistera ?***

Des profondeurs je crie vers toi, Seigneur,
Seigneur, écoute mon appel !
Que ton oreille se fasse attentive
au cri de ma prière ! ℟

Si tu retiens les fautes, Seigneur,
Seigneur, qui subsistera ?
Mais près de toi se trouve le pardon
pour que l'homme te craigne. ℟

J'espère le Seigneur de toute mon âme ;
je l'espère, et j'attends sa parole.
Mon âme attend le Seigneur
plus qu'un veilleur ne guette l'aurore. ℟

Oui, près du Seigneur, est l'amour ;
près de lui, abonde le rachat.
C'est lui qui rachètera Israël
de toutes ses fautes. ℟

Acclamation de l'Évangile

Ta parole, Seigneur, est vérité, et ta loi, délivrance. Rejetez tous les crimes que vous avez commis, faites-vous un cœur nouveau et un esprit nouveau. ***Ta parole, Seigneur, est vérité, et ta loi, délivrance.***

Évangile de Jésus Christ

selon saint Matthieu (5, 20-26)

« Va d'abord te réconcilier avec ton frère »

En ce temps-là, Jésus disait à ses disciples : « Je vous le dis : Si votre justice ne surpasse pas celle des scribes et des pharisiens, vous n'entrerez pas dans le royaume des Cieux. Vous avez appris qu'il a été dit aux anciens : *Tu ne commettras pas de meurtre,* et si quelqu'un commet un meurtre, il devra passer en jugement. Eh bien ! moi, je vous dis : Tout homme qui se met en colère contre son frère devra passer en jugement. Si quelqu'un insulte son frère, il devra passer devant le tribunal. Si quelqu'un le traite de fou, il sera passible de la géhenne de feu. Donc, lorsque tu vas présenter ton offrande à l'autel, si, là, tu te souviens que ton frère a quelque chose contre toi, laisse ton offrande, là, devant l'autel, va d'abord te réconcilier avec ton frère, et ensuite viens présenter ton offrande. Mets-toi vite d'accord avec ton adversaire pendant que tu es en chemin avec lui, pour éviter que ton adversaire ne te livre au juge, le juge au garde, et qu'on ne te jette en prison. Amen, je te le dis : tu n'en sortiras pas avant d'avoir payé jusqu'au dernier sou. »

Prière sur les offrandes

Accueille avec bonté, Seigneur, le sacrifice offert dans cette eucharistie : c'est par lui que tu as voulu nous montrer ta pitié et nous rendre la vie dans la puissance de ton amour. Par Jésus… — ***Amen.***

Préfaces du Carême, p. 231.

Antienne de la communion

Parole du Seigneur :
« Aussi vrai que je suis vivant,
je ne désire pas la mort du pécheur,
mais qu'il change de conduite
et qu'il vive. »
(Ez 33, 11)

Prière après la communion

De ce repas dont tu nous as nourris, Seigneur, nous attendons un renouveau : qu'il arrache nos cœurs à leur vieillissement pour nous faire communier au mystère du salut. Par Jésus…
— ***Amen.***

INVITATION

Je vais au-devant d'un frère, d'une sœur, d'un ami qui m'a blessé, pour lui offrir mon pardon et ouvrir ensemble une page nouvelle de notre relation.

COMMENTAIRE

La Loi nouvelle Matthieu 5, 20-26

« Tu ne commettras pas de meurtre » : Jésus n'abolit pas ce commandement mais il l'accomplit, en manifeste la radicalité, en révèle la véritable portée. Lorsque nous nous mettons en colère contre notre prochain, quand nous l'insultons, le traitons de fou, nous tendons à sa dissolution. Nous l'annulons en pensée. Sa vie aurait-elle moins de prix que la nôtre ? Voilà, en filigrane, un appel à ambitionner pour que notre prochain déploie tous ses talents et vive en paix. ■

Père Thibault Van Den Driessche, *assomptionniste*

❊ CLÉ DE LECTURE

« Et qu'il vive » Ézékiel 18, 23 *(p. 49)*

On considère souvent qu'Ézékiel est le premier à avoir introduit dans la réflexion d'Israël la notion de responsabilité individuelle. Là où régnait le poids d'une fatalité héréditaire et d'une vengeance qui faisait retomber sur les descendants la faute des pères, Ézékiel affirme : « Celui qui pèche, c'est lui qui mourra. » Mais la justice rétributive n'est pas pour autant l'ultime volonté d'un Dieu qui veut le bonheur de son peuple et le bien de chaque être humain. L'annonce de la mort du méchant est toujours un appel à la conversion. Dieu ne tient pas compte des fautes passées. Il ne prend pas plaisir à la mort du pécheur. Il attend sans relâche un retour vers lui. Dieu veut pour chacun une vie transformée, pardonnée, ouverte sur un avenir nouveau. ■

Roselyne Dupont-Roc, *bibliste*

SAMEDI 7 MARS 2020

1RE SEMAINE DE CARÊME COULEUR LITURGIQUE : VIOLET

Temps du Carême, *messe de la férie*
(Sainte Perpétue et sainte Félicité)

Antienne d'ouverture

La loi du Seigneur est parfaite,
qui redonne vie.
La parole du Seigneur est sûre,
qui donne la sagesse aux simples.
(Ps 18, 8)

Prière

Dieu éternel, notre Père, daigne tourner vers toi notre cœur, afin que nous soyons tout entiers à ton service, dans la recherche de l'unique nécessaire, et une vie remplie de charité. Par Jésus Christ… ***— Amen.***

Lecture

du livre du Deutéronome (26, 16-19)

« Tu seras un peuple consacré au Seigneur ton Dieu »

Moïse disait au peuple d'Israël : « Aujourd'hui le Seigneur ton Dieu te commande de mettre en pratique ces décrets et ces ordonnances. Tu veilleras à les pratiquer de tout ton cœur et de toute ton âme. Aujourd'hui tu as obtenu du Seigneur cette déclaration : lui sera ton Dieu ; toi, tu suivras ses chemins, tu garderas ses décrets, ses commandements

et ses ordonnances, tu écouteras sa voix. Aujourd'hui le Seigneur a obtenu de toi cette déclaration : tu seras son peuple, son domaine particulier, comme il te l'a dit, tu devras garder tous ses commandements. Il te fera dépasser en prestige, renommée et gloire toutes les nations qu'il a faites, et tu seras un peuple consacré au Seigneur ton Dieu, comme il l'a dit. »

– Parole du Seigneur.

Psaume 118 (119)

℟ ***Heureux ceux qui marchent suivant la loi du Seigneur !***

Heureux les hommes intègres dans leurs voies
qui marchent suivant la loi du Seigneur !
Heureux ceux qui gardent ses exigences,
ils le cherchent de tout cœur ! ℟

Toi, tu promulgues des préceptes
à observer entièrement.
Puissent mes voies s'affermir
à observer tes commandements ! ℟

D'un cœur droit, je pourrai te rendre grâce,
instruit de tes justes décisions.
Tes commandements, je les observe :
ne m'abandonne pas entièrement. ℟

Acclamation de l'Évangile

Gloire au Christ, Parole éternelle du Dieu vivant. Gloire à toi, Seigneur. Voici maintenant le moment favorable, voici maintenant le jour du salut. ***Gloire au Christ, Parole éternelle du Dieu vivant. Gloire à toi, Seigneur.***

Évangile de Jésus Christ

selon saint Matthieu (5, 43-48)

Soyez parfaits comme votre Père céleste est parfait

En ce temps-là, Jésus disait à ses disciples : « Vous avez appris qu'il a été dit : *Tu aimeras ton prochain* et tu haïras ton ennemi. Eh bien ! moi, je vous dis : Aimez vos ennemis, et priez pour ceux qui vous persécutent, afin d'être vraiment les fils de votre Père qui est aux cieux ; car il fait lever son soleil sur les méchants et sur les bons, il fait tomber la pluie sur les justes et sur les injustes. En effet, si vous aimez ceux qui vous aiment, quelle récompense méritez-vous ? Les publicains eux-mêmes n'en font-ils pas autant ? Et si vous ne saluez que vos frères, que faites-vous d'extraordinaire ? Les païens eux-mêmes n'en font-ils pas autant ? Vous donc, vous serez parfaits comme votre Père céleste est parfait. »

Prière sur les offrandes

Que tes mystères, Seigneur, nous disposent à recevoir avec fruit la guérison qu'ils nous apportent. Par Jésus… ***— Amen.***

Préfaces du Carême, p. 231.

Antienne de la communion

« Soyez parfaits comme
votre Père céleste est parfait »,
dit le Seigneur.
(Mt 5, 48)

Prière après la communion

Seigneur, que ta bienveillance accompagne toujours ceux que tu réconfortes par cette eucharistie : puisqu'ils appartiennent à ton peuple saint, qu'ils ne manquent jamais de tes secours. Par Jésus… ***— Amen.***

INVITATION

Je pense à une personne difficile à supporter
et j'essaie de voir en elle une enfant de Dieu.

COMMENTAIRE

Le soleil et la pluie sont pour tous Matthieu 5, 43-48

Quel est le point commun entre le meurtrier, le dictateur, l'artiste, le médecin et la moniale ? C'est avec la même générosité que le soleil les réchauffe. Et la pluie les arrose avec la même obstination. L'amour de Dieu, lui aussi, est offert, avec une prodigalité inouïe, tant aux cruels qu'aux vertueux. Ne rêvons pas d'un dieu à notre mesure, qui élirait les ayants droit au soleil et à la pluie, mais tirons les leçons de l'amour de Dieu, un amour au-delà de toute mesure humaine. ■

Père Thibault Van Den Driessche, *assomptionniste*

DIMANCHE 8 MARS 2020

2E DIMANCHE DE CARÊME

ANNÉE A COULEUR LITURGIQUE : VIOLET

« Celui-ci est mon Fils bien-aimé, en qui je trouve ma joie. »

Mathieu 17, 5

« Quitte ton pays ! » Avec Abraham, nous sommes appelés à être des marcheurs infatigables, toujours en chemin. Que nos cœurs soient proches des voyageurs de notre monde, des migrants, de ceux qui cherchent un sens à leur vie. Que nous avancions d'un pas humble, remplis du désir de vivre fraternellement.

OUVERTURE DE LA CÉLÉBRATION

Chant d'entrée *(Suggestions p. 250)*

OU

Antienne d'ouverture

Rappelle-toi, Seigneur, tes tendresses, l'amitié, que tu nous as montrées depuis toujours. Que jamais le mal n'ait raison de nous ; délivre-nous de toutes nos angoisses. (Ps 24, 6. 2. 22)

OU

En mon cœur je t'ai dit : Je cherche ton visage, ton visage, Seigneur, je le recherche ; ne détourne pas de moi ta face. (Ps 26, 8-9)

Suggestion de préparation pénitentielle *(ou p. 225)*

Au début de cette eucharistie, tournons-nous vers la lumière miséricordieuse du Seigneur et implorons son pardon.

Seigneur Jésus, notre vie vient de toi, tu es un appui, un bouclier ! Seigneur, prends pitié de nous !

— Seigneur, prends pitié de nous !

Ô Christ, ton amour est sur nous, notre espoir est en toi ! Ô Christ, prends pitié de nous !

— Ô Christ, prends pitié de nous !

Seigneur, tu es fidèle en toute chose, tu veilles sur ceux qui se confient en toi ! Seigneur, prends pitié de nous !

— Seigneur, prends pitié de nous !

Que Dieu tout-puissant nous fasse miséricorde ; qu'il nous pardonne nos péchés et nous conduise à la vie éternelle. **— *Amen.***

Pendant le Carême, on omet le Gloire à Dieu.

Prière

Tu nous as dit, Seigneur, d'écouter ton Fils bien-aimé ; fais-nous trouver dans ta parole les vivres dont notre foi a besoin : et nous aurons le regard assez pur pour discerner ta gloire. Par Jésus Christ…
— *Amen.*

LITURGIE DE LA PAROLE

Lecture du livre de la Genèse (12, 1-4a)

Vocation d'Abraham, père du peuple de Dieu

En ces jours-là, le Seigneur dit à Abram : « Quitte ton pays, ta parenté et la maison de ton père, et va vers le pays que je te montrerai. Je ferai de toi une grande nation, je te bénirai, je rendrai grand ton nom, et tu deviendras une bénédiction. Je bénirai ceux qui te béniront ; celui qui te maudira, je le réprouverai. En toi seront bénies toutes les familles de la terre. »
Abram s'en alla, comme le Seigneur le lui avait dit, et Loth s'en alla avec lui.
– Parole du Seigneur.

Psaume 32 (33)

℟ ***Que ton amour, Seigneur, soit sur nous comme notre espoir est en toi !***

T. : AELF; M. : L. Groslambert; ADF.

Oui, elle est droite, la parole du Seigneur ;
il est fidèle en tout ce qu'il fait.
Il aime le bon droit et la justice ;
la terre est remplie de son amour. ℟

Dieu veille sur ceux qui le craignent,
qui mettent leur espoir en son amour,
pour les délivrer de la mort,
les garder en vie aux jours de famine. ℟

Retrouvez ce psaume sur le CD "Les psaumes de l'année A"

Nous attendons notre vie du Seigneur :
il est pour nous un appui, un bouclier.
Que ton amour, Seigneur, soit sur nous
comme notre espoir est en toi ! ℟

Lecture de la deuxième lettre de saint Paul apôtre à Timothée (1, 8b-10)

Dieu nous appelle et nous éclaire

Fils bien-aimé, avec la force de Dieu, prends ta part des souffrances liées à l'annonce de l'Évangile. Car Dieu nous a sauvés, il nous a appelés à une vocation sainte, non pas à cause de nos propres actes, mais à cause de son projet à lui et de sa grâce. Cette grâce nous avait été donnée dans le Christ Jésus avant tous les siècles, et maintenant elle est devenue visible, car notre Sauveur, le Christ Jésus, s'est manifesté : il a détruit la mort, et il a fait resplendir la vie et l'immortalité par l'annonce de l'Évangile.

– Parole du Seigneur.

Acclamation de l'Évangile

Gloire au Christ, Parole éternelle du Dieu vivant. Gloire à toi, Seigneur. De la nuée lumineuse, la voix du Père a retenti : « Celui-ci est mon Fils bien-aimé, écoutez-le ! » ***Gloire au Christ, Parole éternelle du Dieu vivant. Gloire à toi, Seigneur.***

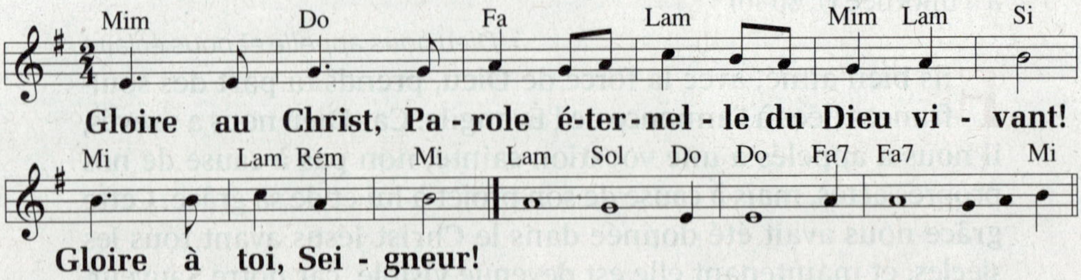

HU 44-43-1 ; T. : CFC ; M. : P. Robert ; Kinnor.

Évangile de Jésus Christ selon saint Matthieu (17, 1-9)

« Son visage devint brillant comme le soleil »

En ce temps-là, Jésus prit avec lui Pierre, Jacques et Jean son frère, et il les emmena à l'écart, sur une haute montagne. Il fut transfiguré devant eux ; son visage devint brillant comme le soleil, et ses vêtements, blancs comme la lumière. Voici que leur apparurent Moïse et Élie, qui s'entretenaient avec lui. Pierre alors prit la parole et dit à Jésus : « Seigneur, il est bon que nous soyons

ici ! Si tu le veux, je vais dresser ici trois tentes, une pour toi, une pour Moïse, et une pour Élie. » Il parlait encore, lorsqu'une nuée lumineuse les couvrit de son ombre, et voici que, de la nuée, une voix disait : « Celui-ci est mon Fils bien-aimé, en qui je trouve ma joie : écoutez-le ! » Quand ils entendirent cela, les disciples tombèrent face contre terre et furent saisis d'une grande crainte. Jésus s'approcha, les toucha et leur dit : « Relevez-vous et soyez sans crainte ! » Levant les yeux, ils ne virent plus personne, sinon lui, Jésus, seul.
En descendant de la montagne, Jésus leur donna cet ordre : « Ne parlez de cette vision à personne, avant que le Fils de l'homme soit ressuscité d'entre les morts. »

Homélie

Profession de foi *(p. 227)*

Suggestion de prière universelle

Le prêtre :

Sur nos routes, la lumière du Père nous invite à l'espérance. Tournons-nous vers lui en toute confiance.

℟ ***Entends nos prières, entends nos voix ; entends nos prières monter vers toi.***

G 112 ; T. : J. Debruynne/R. Fau ; M. : R. Fau ; SM.

Le diacre ou un lecteur :

Seigneur, nous te prions pour les nouveaux convertis et les catéchumènes, qui découvrent dans leur vie la lumière du Christ. Accompagne-les. ℟

Seigneur, nous te confions les migrants, ceux qui ne trouvent pas de lieu où dresser une tente, construire une maison. Viens à leur secours ! ℟

Seigneur, nous te confions nos responsables politiques, appelés à veiller au bien de tous. Éclaire leurs décisions ! ℟

Seigneur, avec le pape François, nous te confions l'Église, en particulier les catholiques de Chine, appelés à persévérer dans la fidélité à ton amour. Sois leur force ! ℟

(Ces intentions seront adaptées ou modifiées selon les circonstances.)

Le prêtre :

Dieu notre Père, il est bon d'être auprès de toi et de te présenter nos demandes. Dans ton amour, exauce-les. Nous te le demandons par Jésus, le Christ, notre Seigneur. ***— Amen.***

LITURGIE EUCHARISTIQUE

Prière sur les offrandes

Que cette offrande, Seigneur, nous purifie de nos péchés : qu'elle sanctifie le corps et l'esprit de tes fidèles, et les prépare à célébrer les fêtes pascales. Par Jésus… ***— Amen.***

Prière eucharistique *(Préface du 2e dimanche de Carême)*

Vraiment il est juste et bon de te rendre gloire, de t'offrir notre action de grâce toujours et en tout lieu, à toi, Père très saint, Dieu éternel et tout-puissant, par le Christ, notre Seigneur. Après avoir prédit sa mort à ses disciples, il les mena sur la montagne sainte ; en présence de Moïse et du prophète Élie, il leur a manifesté sa splendeur : il nous révélait ainsi que sa passion le conduirait à la gloire de la résurrection. C'est pourquoi, avec les anges dans le ciel, nous pouvons te bénir sur la terre et t'adorer en (disant) chantant : ***Saint ! Saint ! Saint…***

Chant de communion *(Suggestions p. 250)*

OU

Antienne de la communion

Au jour de la Transfiguration, la voix du Père se fit entendre :
« Celui-ci est mon Fils bien-aimé,
en qui j'ai mis tout mon amour ; écoutez-le ».
(cf. Mt 17, 5)

Prière après la communion

Pour avoir communié, Seigneur, aux mystères de ta gloire, nous voulons te remercier, toi qui nous donnes déjà, en cette vie, d'avoir part aux biens de ton Royaume. Par Jésus…
— Amen.

CONCLUSION DE LA CÉLÉBRATION

Bénédiction

Envoi

COMMENTAIRE DU DIMANCHE

Père Benoît Gschwind, assomptionniste

Destination : Terre promise !

L'invitation a tout d'un ordre et ne laisse guère d'alternative : pars ! laisse ! va ! Abraham est appelé au départ. Il prend la route, avec les siens, comme le Seigneur le lui avait dit. Destination : Terre promise ! Le départ d'Abraham et sa longue marche fondent, aujourd'hui encore, nos propres départs, nos propres marches, notre propre quête de la Terre promise. C'est toujours le même appel qui résonne au cœur de nos vies. C'est toujours à la même disponibilité que notre baptême nous engage. C'est toujours au même déplacement que nous prenons part. Comme Abraham, nous sommes appelés à répondre à notre vocation.

Jésus et ses disciples marchent eux-mêmes dans le sillage d'Abraham. Le mont Thabor devient le lieu de la rencontre du •••

••• passé et du présent, de l'Ancien et du Nouveau Testaments, de l'Ancienne et de la Nouvelle Alliances. Voilà une rencontre qui dit l'étonnante fidélité de Dieu à travers les âges. Moïse rappelle la Loi et l'Alliance signée entre Dieu et son peuple. Élie rappelle la restauration de l'Alliance : quand le peuple s'égare, Dieu, lui, reste fidèle à sa promesse ! Sur la montagne, Jésus est transfiguré. Dieu laisse entrevoir son visage de Père sur celui de Jésus de Nazareth. Aux yeux des Apôtres qui sont là, ce dernier s'inscrit dans l'histoire du peuple de Dieu.
Abraham inaugure la route que nous sommes appelés à prendre avec Dieu. Chaque année, le Carême relance notre marche et nous invite à remettre nos pas dans les pas du Christ. Il est celui qu'il nous faut écouter et n'a de cesse de nous conduire au Père. Dieu nous révèle le visage de son Fils : « Celui-ci est mon Fils bien-aimé ; écoutez-le. » ■

« Une rencontre qui dit l'étonnante fidélité de Dieu à travers les âges. »

Prions en Église Junior

LIRE L'ÉVANGILE AVEC LES ENFANTS

CE QUE JE DÉCOUVRE

Deux signes nous révèlent ici que **Jésus est le Fils de Dieu** et que nous pouvons le suivre, comme Pierre, Jacques et Jean. Le premier signe est la présence de Moïse et d'Élie autour de Jésus. Cette présence nous indique qu'il est l'Envoyé promis par Dieu. Le deuxième signe est la voix du Père : **« Celui-ci est mon Fils bien-aimé, en qui je trouve ma joie : écoutez-le ! »** Nous pouvons avoir confiance en Jésus et sa Parole.

CE QUE JE VIS

Quelles personnes te rendent joyeux ?
Quelles qualités un ami doit-il avoir ?
Quelles paroles de Jésus te donnent de la joie ?
Fabrique trois tentes en papier. Sur celle du milieu, écris le nom de Jésus. Sur les deux autres, écris les prénoms de celles et de ceux qui t'aident à croire.

Texte : Père Pierre-Marie Leroy. Illustrations : Marcelino Truong

8 - 14

MÉDITATION BIBLIQUE

2E DIMANCHE DE CARÊME

Évangile selon saint Matthieu 17, 1-9

« À l'écart, sur une haute montagne »

Lire le récit de la Transfiguration pendant le Carême nous rend plus réceptifs au questionnement sur la Croix comme passage incontournable vers la Résurrection.

Le temps de la préparation

« Longtemps, j'ai cherché à savoir […]. Mais quand j'entrai dans la demeure de Dieu, je compris » Ps 72 (73), 16-17.

Le temps de l'observation

Cet épisode est à relier à ce qui précède. Confession de foi de Pierre certes, mais aussi réaction de ce dernier au scandale de la souffrance : « Jésus commença à montrer qu'il lui fallait […] souffrir beaucoup […]. Pierre […] lui fit de vifs reproches » (Mt 16, 21-22). Jésus recadre son disciple mais il lui offre surtout d'entrer dans un mystère qui le dépasse. Et pour ce faire, il le conduit à distance des réactions spontanées et de la raison raisonnante, dans la solitude du cœur, en ce lieu où Dieu demeure. Toutes choses symbolisées par la montagne et la mention de « l'écart ». Il donne alors à Pierre, Jacques et Jean de contempler son humanité vulnérable, habitée par la plénitude de la divinité, ainsi que sa relation avec le Père « au-delà de tout créé » (cf. Col 1, 16. 19). Les disciples ne reçoivent pas de réponse quant à la souffrance, mais ils sont conviés à s'abîmer en Dieu au plus fort de leurs questionnements.

Le temps de la méditation

Anticipation de la résurrection et du retour du Christ en gloire, la Transfiguration nous redit que la Croix est un passage. Elle nous signifie aussi que, dès à présent, nous pouvons, comme le Père, trouver notre joie en Jésus, Dieu et homme, si nous choisissons de demeurer en lui et de l'écouter. Que, dans la prière, nous pouvons « résoudre l'énigme » de notre vie (Ps 50 [51], 8), y entrevoir un sens et vivre d'une présence. Alors, recevons ici l'invitation à nous laisser conduire à l'écart, non pour nous réfugier dans un cocon qui nous préserverait de la réalité, mais pour nous tenir en un lieu où nous pouvons reprendre force pour affronter notre quotidien avec le Christ, qui nous entraîne dans la gloire du Père. Sachant que la seule tente à dresser est celle de l'intériorité où nous pourrons nous recueillir, au sens étymologique du terme, et trouver la paix.

Le temps de la prière

« Moi, je suis toujours avec toi […]. Tu me conduis selon tes desseins ; puis tu me prendras dans la gloire » Ps 72 (73), 23-24. ■

Sœur Emmanuelle Billoteau,
ermite

LUNDI 9 MARS 2020

2E SEMAINE DE CARÊME COULEUR LITURGIQUE : VIOLET

Temps du Carême, *messe de la férie*
(Sainte Françoise Romaine)

Antienne d'ouverture

Seigneur, j'aime la maison que tu habites, le lieu où demeure ta gloire. Par pitié, libère-moi : dans l'assemblée, je te bénirai. (Ps 25, 8. 11. 12)

Prière

Pour guérir nos âmes, Seigneur, tu nous prescris de discipliner nos corps ; donne-nous de pouvoir nous garder du péché et de répondre ainsi aux exigences de ton amour. Par Jésus Christ… ***– Amen.***

Lecture

du livre du prophète Daniel (9, 4-10)

« Nous avons péché, nous avons commis l'iniquité »

Je fis au Seigneur mon Dieu cette prière et cette confession : « Ah ! toi Seigneur, le Dieu grand et redoutable, qui garde alliance et fidélité à ceux qui l'aiment et qui observent ses commandements, nous avons péché, nous avons commis l'iniquité, nous avons fait le mal, nous avons été rebelles, nous nous sommes détournés de tes commandements et de tes ordonnances. Nous n'avons pas écouté tes serviteurs les prophètes, qui ont parlé en ton nom à nos rois, à nos princes, à nos pères, à tout le peuple du pays. À toi, Seigneur, la justice ; à nous la honte au visage,

comme on le voit aujourd'hui pour les gens de Juda, pour les habitants de Jérusalem et de tout Israël, pour ceux qui sont près et pour ceux qui sont loin, dans tous les pays où tu les as chassés, à cause des infidélités qu'ils ont commises envers toi. Seigneur, à nous la honte au visage, à nos rois, à nos princes, à nos pères, parce que nous avons péché contre toi. Au Seigneur notre Dieu, la miséricorde et le pardon, car nous nous sommes révoltés contre lui, nous n'avons pas écouté la voix du Seigneur, notre Dieu, car nous n'avons pas suivi les lois qu'il nous proposait par ses serviteurs les prophètes. »
– Parole du Seigneur.

Psaume 78 (79)

℟ ***Seigneur, ne nous traite pas selon nos péchés.***

Combien de temps, Seigneur,
durer**a** ta colère ?
Ne retiens pas contre nous les péch**é**s
de nos ancêtres :
que nous vienne bient**ô**t ta tendresse,
car nous sommes à bo**u**t de force ! ℟

Aide-nous, Die**u** notre Sauveur,
pour la gl**o**ire de ton nom !
Délivre-nous, eff**a**ce nos fautes,
pour la ca**u**se de ton nom ! ℟

Que monte en ta présence
la pl**a**inte du captif !
Ton bras est fort : épargne ceux
qui d**o**ivent mourir.
Et nous, ton peuple,
le troupea**u** que tu conduis,
sans fin nous pourr**o**ns te rendre grâce. ℟

Acclamation de l'Évangile

Gloire à toi, Seigneur, Fils du Dieu vivant! Tes paroles, Seigneur, sont esprit et elles sont vie. Tu as les paroles de la vie éternelle. ***Gloire à toi, Seigneur, Fils du Dieu vivant!***

Évangile de Jésus Christ

selon saint Luc (6, 36-38)

« Pardonnez, et vous serez pardonnés »

En ce temps-là, Jésus disait à ses disciples : « Soyez miséricordieux comme votre Père est miséricordieux. Ne jugez pas, et vous ne serez pas jugés ; ne condamnez pas, et vous ne serez pas condamnés. Pardonnez, et vous serez pardonnés. Donnez, et l'on vous donnera : c'est une mesure bien pleine, tassée, secouée, débordante, qui sera versée dans le pan de votre vêtement ; car la mesure dont vous vous servez pour les autres servira de mesure aussi pour vous. »

Prière sur les offrandes

Accueille avec bienveillance nos prières, Seigneur, et protège, contre les séductions du monde, ceux que tu appelles à te servir en ces mystères. Par Jésus…
— Amen.

Préfaces du Carême, p. 231.

Antienne de la communion

« Soyez miséricordieux
comme votre Père est
miséricordieux », dit le Seigneur.
(Lc 6, 36)

Prière après la communion

Que cette communion, Seigneur, en nous guérissant du péché, nous donne part aux joies du ciel. Par Jésus…
— *Amen.*

INVITATION

Après dix jours de Carême, je fais le point sur mon cheminement et je le confie au Seigneur.

COMMENTAIRE

Unanimement magnanimes Luc 6, 36-38

« La mesure de l'amour, c'est d'aimer sans mesure », chantons-nous avec saint Bernard. Ce paradoxe plonge ses racines dans la magnanimité du Père qui donne sans compter, jusqu'à son Fils unique. Ce dernier invite ses disciples à l'imiter. Durant le Carême, chacun est appelé à faire preuve de grandeur d'âme et d'audace dans ses initiatives. N'ayons pas peur d'avancer au large, inspirés par le souffle du Ressuscité. ■

Sœur Bénédicte de la Croix, cistercienne

MARDI 10 MARS 2020

2E SEMAINE DE CARÊME COULEUR LITURGIQUE : VIOLET

Temps du Carême, *messe de la férie*

Antienne d'ouverture

Laisse à mes yeux la lumière, et garde-moi du sommeil de la mort, que l'ennemi ne puisse dire : « J'ai triomphé de lui. » (Ps 12, 4-5)

Prière

Avec une inlassable bonté, Seigneur, veille sur ton Église ; et puisque sans toi l'homme s'égare, soutiens-le toujours pour qu'il se détourne du mal et se dirige vers le salut. Par Jésus Christ… ***— Amen.***

Lecture

du livre du prophète Isaïe (1, 10. 16-20)

« Apprenez à faire le bien : recherchez le droit »

Écoutez la parole du Seigneur, vous qui êtes pareils aux chefs de Sodome ! Prêtez l'oreille à l'enseignement de notre Dieu, vous, peuple de Gomorrhe !
Lavez-vous, purifiez-vous, ôtez de ma vue vos actions mauvaises, cessez de faire le mal. Apprenez à faire le bien : recherchez le droit, mettez au pas l'oppresseur, rendez justice à l'orphelin, défendez la cause de la veuve.
Venez, et discutons – dit le Seigneur.
Si vos péchés sont comme l'écarlate, ils deviendront aussi blancs que neige.
S'ils sont rouges comme le vermillon, ils deviendront comme de la laine. Si

vous consentez à m'obéir, les bonnes choses du pays, vous les mangerez ; mais si vous refusez, si vous vous obstinez, c'est l'épée qui vous mangera. – Oui, la bouche du Seigneur a parlé.
– Parole du Seigneur.

Psaume 49 (50)

℟ ***À celui qui veille sur sa conduite, je ferai voir le salut de Dieu.***

« Écoute, mon peuple, je parle ;
Israël, je te prends à témoin.
Je ne t'accuse pas pour tes sacrifices ;
tes holocaustes sont toujours devant moi. ℟

« Vais-je manger la chair des taureaux
et boire le sang des béliers ?
Offre à Dieu le sacrifice d'action de grâce,
accomplis tes vœux envers le Très-Haut. ℟

« Qu'as-tu à réciter mes lois,
à garder mon alliance à la bouche,
toi qui n'aimes pas les reproches
et rejettes loin de toi mes paroles ? ℟

« Voilà ce que tu fais ; garderai-je le silence ?
Penses-tu que je suis comme toi ?
Qui offre le sacrifice d'action de grâce,
celui-là me rend gloire. » ℟

Acclamation de l'Évangile

Ta parole, Seigneur, est vérité, et ta loi, délivrance. Rejetez tous les crimes que vous avez commis, faites-vous un cœur nouveau et un esprit nouveau. ***Ta parole, Seigneur, est vérité, et ta loi, délivrance.***

Évangile de Jésus Christ

selon saint Matthieu (23, 1-12)

« Ils disent et ne font pas »

En ce temps-là, Jésus s'adressa aux foules et à ses disciples, et il déclara : « Les scribes et les pharisiens enseignent dans la chaire de Moïse. Donc, tout ce qu'ils peuvent vous dire, faites-le et observez-le. Mais n'agissez pas d'après leurs actes, car ils disent et ne font pas. Ils attachent de pesants fardeaux, difficiles à porter, et ils en chargent les épaules des gens ; mais eux-mêmes ne veulent pas les remuer du doigt. Toutes leurs actions, ils les font pour être remarqués des gens : ils élargissent leurs phylactères et rallongent leurs franges ; ils aiment les places d'honneur dans les dîners, les sièges d'honneur dans les synagogues et les salutations sur les places publiques ; ils aiment recevoir des gens le titre de Rabbi. Pour vous, ne vous faites pas donner le titre de Rabbi, car vous n'avez qu'un seul maître pour vous enseigner, et vous êtes tous frères. Ne donnez à personne sur terre le nom de père, car vous n'avez qu'un seul Père, celui qui est aux cieux. Ne vous faites pas non plus donner le titre de maîtres, car vous n'avez qu'un seul maître, le Christ. Le plus grand parmi vous sera votre serviteur. Qui s'élèvera sera abaissé, qui s'abaissera sera élevé. »

Prière sur les offrandes

Dans ces mystères de paix, Seigneur, tu travailles à notre sainteté : purifie-nous des convoitises de ce monde et conduis-nous aux richesses de ton Royaume. Par Jésus… ***— Amen.*** *Préfaces du Carême, p. 231.*

Antienne de la communion
De toute mon âme, Seigneur,
je rendrai grâce en proclamant
tes innombrables merveilles ;
j'exulterai, je danserai auprès de toi,
je fêterai ton nom, Dieu très-haut.
(Ps 9, 2-3)

Prière après la communion
Que cette communion, Seigneur, nous aide à vivre plus saintement, confiants dans ton inépuisable pardon. Par Jésus… — ***Amen.***

INVITATION

Je prends dix minutes de recueillement, de réflexion, pour vérifier la cohérence entre ma prière et mes actes.

COMMENTAIRE

Mendiants de l'amour

Matthieu 23, 1-12

Sommes-nous encore sensibles aux déplacements que devrait opérer la parole du Christ dans nos existences ? « Le plus grand parmi vous sera votre serviteur. Qui s'élèvera sera abaissé, qui s'abaissera sera élevé. » Cette conversion, impossible à l'homme, fait de nous des mendiants de la grâce, des nécessiteux qui attendent tout de leur Père. Nous goûtons alors la liberté de dire et de faire ce que nous énonçons… délicatement. ■

Sœur Bénédicte de la Croix, cistercienne

MERCREDI 11 MARS 2020

2E SEMAINE DE CARÊME COULEUR LITURGIQUE : VIOLET

Temps du Carême, *messe de la férie*

Antienne d'ouverture

Ne m'abandonne pas, Seigneur, mon Dieu, ne reste pas loin de moi. Hâte-toi de venir à mon aide, toi, ma force et mon salut. (Ps 37, 22-23)

Prière

Donne à ta famille, Seigneur, de progresser en faisant toujours ce qui est bon ; assure-lui le nécessaire en cette vie pour la conduire aux biens du Royaume. Par Jésus Christ… ***— Amen.***

Lecture

du livre du prophète Jérémie (18, 18-20)

« Allons, attaquons-le »

Mes ennemis ont dit : « Allons, montons un complot contre Jérémie. La loi ne va pas disparaître par manque de prêtre, ni le conseil, par manque de sage, ni la parole, par manque de prophète. Allons, attaquons-le par notre langue, ne faisons pas attention à toutes ses paroles. » Mais toi, Seigneur, fais attention à moi, écoute ce que disent mes adversaires. Comment peut-on rendre le mal pour le bien ? Ils ont creusé une fosse pour me perdre. Souviens-toi que je me suis tenu en ta présence pour te parler en leur faveur, pour détourner d'eux ta colère. – Parole du Seigneur.

Psaume 30 (31)

℟ ***Sauve-moi, mon Dieu, par ton amour.***

Tu m'arraches au filet qu'ils m'ont tendu ;
oui, c'est toi mon abri.
En tes mains je remets mon esprit ;
tu me rachètes, Seigneur, Dieu de vérité. ℟

J'entends les calomnies de la foule :
de tous côtés c'est l'épouvante.
Ils ont tenu conseil contre moi,
ils s'accordent pour m'ôter la vie. ℟

Moi, je suis sûr de toi, Seigneur,
je dis : « Tu es mon Dieu ! »
Mes jours sont dans ta main : délivre-moi
des mains hostiles qui s'acharnent. ℟

Acclamation de l'Évangile

Gloire et louange à toi, Seigneur Jésus ! Moi, je suis la lumière du monde, dit le Seigneur. Celui qui me suit aura la lumière de la vie. ***Gloire et louange à toi, Seigneur Jésus !***

Évangile de Jésus Christ

selon saint Matthieu (20, 17-28)

« Ils le condamneront à mort »

En ce temps-là, Jésus, montant à Jérusalem, prit à part les Douze disciples et, en chemin, il leur dit : « Voici que nous montons à Jérusalem. Le Fils de l'homme sera livré aux grands prêtres et aux scribes, ils le condamneront à mort et le livreront aux nations païennes pour qu'elles se moquent de lui, le flagellent et le crucifient ; le troisième jour, il ressuscitera. » Alors la mère des fils de Zébédée s'approcha de Jésus avec ses fils Jacques et Jean, et elle se prosterna pour lui faire une demande. Jésus lui dit : « Que veux-tu ? » Elle répondit : « Ordonne que mes deux fils que voici siègent, l'un à ta droite et l'autre à ta gauche, dans ton Royaume. » Jésus répondit : « Vous ne savez pas ce que vous demandez. Pouvez-vous boire la coupe que je vais boire ? » Ils lui disent : « Nous le pouvons. » Il leur dit : « Ma coupe, vous la boirez ; quant à siéger à ma droite et à ma gauche, ce n'est pas à moi de l'accorder ; il y a ceux pour qui cela est préparé par mon Père. » Les dix autres, qui avaient entendu, s'indignèrent contre les deux frères. Jésus les appela et dit : « Vous le savez : les chefs des nations les commandent en maîtres, et les grands font sentir leur pouvoir. Parmi vous, il ne devra pas en être ainsi : celui qui veut devenir grand parmi vous sera votre serviteur ; et celui qui veut être parmi vous le premier sera votre esclave. Ainsi, le Fils de l'homme n'est pas venu pour être servi, mais pour servir, et donner sa vie en rançon pour la multitude. »

Prière sur les offrandes

Regarde avec bonté, Seigneur, les dons que nous te présentons ; et par ceux que tu nous feras en échange, dégage-nous de nos péchés pour nous rendre libres en toi. Par Jésus… — ***Amen.***

Préfaces du Carême, p. 231.

Antienne de la communion

Le Fils de l'homme n'est pas venu
pour être servi, mais pour servir,
et donner sa vie
en rançon pour la multitude.
(Mt 20, 28)

Prière après la communion

Dans cette communion, Seigneur, tu as voulu nous donner un gage de notre immortalité : permets donc qu'elle nous ouvre les portes de ton Royaume. Par Jésus… **— *Amen.***

INVITATION

À chacun sa montée vers Jérusalem, avec le Christ.
Vers quoi, vers qui je monte ?

COMMENTAIRE

L'abandon ultime — Psaume 30

Lorsque Jésus expire sur la Croix, saint Luc met sur ses lèvres ce verset du psaume 30 : « En tes mains je remets mon esprit. » Le salut de l'humanité tout entière est contenu dans cet acte ultime de confiance. En chantant l'office des complies, l'Église nous invite à faire nôtre ce même verset avant de nous abandonner au sommeil. Qu'il en soit de même chaque fois que rôde « notre adversaire le diable, cherchant qui dévorer » (1 P 5, 8). ■

Sœur Bénédicte de la Croix, cistercienne

JEUDI 12 MARS 2020

2E SEMAINE DE CARÊME COULEUR LITURGIQUE : VIOLET

Temps du Carême, *messe de la férie*

Antienne d'ouverture

Scrute-moi, mon Dieu, et tu connaîtras mon cœur ;
vois si le mal ne fait pas en moi son chemin
et conduis-moi sur le chemin d'éternité. (Ps 138, 23-24)

Prière

Dieu qui aimes l'innocence et la fais recouvrer, oriente vers toi le cœur de tes fidèles, pour que, dociles à ton Esprit, ils soient fermes dans la foi et vraiment efficaces. Par Jésus Christ… ***— Amen.***

Lecture

du livre du prophète Jérémie (17, 5-10)

« Maudit soit l'homme qui met sa foi dans un mortel.
Béni soit l'homme qui met sa foi dans le Seigneur »

Ainsi parle le Seigneur : Maudit soit l'homme qui met sa foi dans un mortel, qui s'appuie sur un être de chair, tandis que son cœur se détourne du Seigneur. Il sera comme un buisson sur une terre désolée, il ne verra pas venir le bonheur. Il aura pour demeure les lieux arides du désert, une terre salée, inhabitable. Béni soit l'homme qui met sa foi dans le Seigneur, dont le Seigneur est la confiance. Il sera comme un arbre,

planté près des eaux, qui pousse, vers le courant, ses racines. Il ne craint pas quand vient la chaleur : son feuillage reste vert. L'année de la sécheresse, il est sans inquiétude : il ne manque pas de porter du fruit. Rien n'est plus faux que le cœur de l'homme, il est incurable. Qui peut le connaître ? Moi, le Seigneur, qui pénètre les cœurs et qui scrute les reins, afin de rendre à chacun selon sa conduite, selon le fruit de ses actes. – Parole du Seigneur.

Psaume 1

℟ ***Heureux est l'homme qui met sa foi dans le Seigneur.***

Heureux est l'homme
qui n'entre pas au conseil des méchants,
qui ne suit pas le chemin des pécheurs,
ne siège pas avec ceux qui ricanent,
mais se plaît dans la loi du Seigneur
et murmure sa loi jour et nuit ! ℟

Il est comme un arbre
planté près d'un ruisseau,
qui donne du fruit en son temps,
et jamais son feuillage ne meurt ;
tout ce qu'il entreprend réussira.
Tel n'est pas le sort des méchants. ℟

Mais ils sont comme la paille
balayée par le vent.
Le Seigneur connaît le chemin des justes,
mais le chemin des méchants se perdra. ℟

Acclamation de l'Évangile

Ta parole, Seigneur, est vérité, et ta loi, délivrance. Heureux ceux qui ont entendu la Parole dans un cœur bon et généreux, qui la retiennent et portent du fruit par leur persévérance. ***Ta parole, Seigneur, est vérité, et ta loi, délivrance.***

Évangile de Jésus Christ

selon saint Luc (16, 19-31)

« Tu as reçu le bonheur, et Lazare, le malheur.
Maintenant, lui, il trouve ici la consolation, et toi, la souffrance »

En ce temps-là, Jésus disait aux pharisiens : « Il y avait un homme riche, vêtu de pourpre et de lin fin, qui faisait chaque jour des festins somptueux. Devant son portail gisait un pauvre nommé Lazare, qui était couvert d'ulcères. Il aurait bien voulu se rassasier de ce qui tombait de la table du riche ; mais les chiens, eux, venaient lécher ses ulcères. Or le pauvre mourut, et les anges l'emportèrent auprès d'Abraham. Le riche mourut aussi, et on l'enterra.

« Au séjour des morts, il était en proie à la torture ; levant les yeux, il vit Abraham de loin et Lazare tout près de lui. Alors il cria : "Père Abraham, prends pitié de moi et envoie Lazare tremper le bout de son doigt dans l'eau pour me rafraîchir la langue, car je souffre terriblement dans cette fournaise. – Mon enfant, répondit Abraham, rappelle-toi : tu as reçu le bonheur pendant ta vie, et Lazare, le malheur pendant la sienne. Maintenant, lui, il trouve ici la consolation, et toi, la souffrance. Et en plus de tout cela, un grand abîme a été établi entre vous et nous, pour que ceux qui voudraient passer

vers vous ne le puissent pas, et que, de là-bas non plus, on ne traverse pas vers nous."
« Le riche répliqua : "Eh bien ! père, je te prie d'envoyer Lazare dans la maison de mon père. En effet, j'ai cinq frères : qu'il leur porte son témoignage, de peur qu'eux aussi ne viennent dans ce lieu de torture !" Abraham lui dit : "Ils ont Moïse et les Prophètes : qu'ils les écoutent ! – Non, père Abraham, dit-il, mais si quelqu'un de chez les morts vient les trouver, ils se convertiront." Abraham répondit : "S'ils n'écoutent pas Moïse ni les Prophètes, quelqu'un pourra bien ressusciter d'entre les morts : ils ne seront pas convaincus." »

Prière sur les offrandes

Par cette eucharistie, Seigneur, sanctifie nos œuvres de pénitence, pour que l'entraînement du Carême aboutisse à la vraie conversion du cœur. Par Jésus…
— Amen.

Préfaces du Carême, p. 231.

Antienne de la communion

Heureux, les hommes
d'une conduite irréprochable,
qui suivent la loi du Seigneur.
(Ps 118, 1)

Prière après la communion

Que cette communion, Seigneur, demeure agissante en nous et prolonge son effet dans notre vie. Par Jésus…
— Amen.

INVITATION

Suis-je riche ? Suis-je pauvre ? Le Seigneur regarde le cœur.
Je revisite mon idée du « bonheur ». Est-elle conforme à l'Évangile ?

COMMENTAIRE

Enracinés pour donner du fruit Jérémie 17, 5-10

Quelle belle métaphore que celle de l'arbre pour évoquer l'homme « qui met sa foi dans le Seigneur ». Le bienheureux Christian de Chergé évoquait le contemplatif en ces termes : « Les pieds dans le fumier et la tête chercheuse. » Prenons le temps de regarder les arbres qui nous entourent, de déchiffrer à travers eux les dons de la présence du Créateur. Au cœur de nos villes trépidantes, ils peuvent devenir pour chacun de nous des maîtres d'intériorité. ■ *Sœur Bénédicte de la Croix, cistercienne*

VENDREDI 13 MARS 2020

2E SEMAINE DE CARÊME COULEUR LITURGIQUE : VIOLET

8 - 14

Temps du Carême, *messe de la férie*

Antienne d'ouverture

J'ai un recours auprès de toi, Seigneur :
que jamais plus je ne sois humilié.
Tu m'arraches au filet qu'on m'a tendu,
c'est toi qui me protèges. (Ps 30, 2. 5)

Prière

Nous t'en prions, Dieu tout-puissant : purifie-nous au long de ce Carême, pour que nous parvenions avec un cœur limpide aux fêtes pascales qui approchent. Par Jésus Christ… ***— Amen.***

Lecture

du livre de la Genèse (37, 3-4. 12-13a. 17b-28)

« Voici l'expert en songes qui arrive ! Allons-y, tuons-le »

Israël, c'est-à-dire Jacob, aimait Joseph plus que tous ses autres enfants, parce qu'il était le fils de sa vieillesse, et il lui fit faire une tunique de grand prix. En voyant qu'il leur préférait Joseph, ses autres fils se mirent à détester celui-ci, et ils ne pouvaient plus lui parler sans hostilité.

Les frères de Joseph étaient allés à Sichem faire paître le troupeau de leur père. Israël dit à Joseph : « Tes

frères ne gardent-ils pas le troupeau à Sichem ? Va donc les trouver de ma part ! » Joseph les trouva à Dotane. Ceux-ci l'aperçurent de loin et, avant qu'il arrive près d'eux, ils complotèrent de le faire mourir. Ils se dirent l'un à l'autre : « Voici l'expert en songes qui arrive ! C'est le moment, allons-y, tuons-le, et jetons-le dans une de ces citernes. Nous dirons qu'une bête féroce l'a dévoré, et on verra ce que voulaient dire ses songes ! » Mais Roubène les entendit, et voulut le sauver de leurs mains. Il leur dit : « Ne touchons pas à sa vie. » Et il ajouta : « Ne répandez pas son sang : jetez-le dans cette citerne du désert, mais ne portez pas la main sur lui. » Il voulait le sauver de leurs mains et le ramener à son père.

Dès que Joseph eut rejoint ses frères, ils le dépouillèrent de sa tunique, la tunique de grand prix qu'il portait, ils se saisirent de lui et le jetèrent dans la citerne, qui était vide et sans eau. Ils s'assirent ensuite pour manger. En levant les yeux, ils virent une caravane d'Ismaélites qui venait de Galaad. Leurs chameaux étaient chargés d'aromates, de baume et de myrrhe qu'ils allaient livrer en Égypte. Alors Juda dit à ses frères : « Quel profit aurions-nous à tuer notre frère et à dissimuler sa mort ? Vendons-le plutôt aux Ismaélites et ne portons pas la main sur lui, car il est notre frère, notre propre chair. » Ses frères l'écoutèrent. Des marchands madianites qui passaient par là retirèrent Joseph de la citerne, ils le vendirent pour vingt pièces d'argent aux Ismaélites, et ceux-ci l'emmenèrent en Égypte.

– Parole du Seigneur.

Psaume 104 (105)

℟ ***Souvenez-vous des merveilles que le Seigneur a faites.***

Cherchez le Seigneur et sa puissance,
souvenez-vous des merveilles qu'il a faites,
vous, la race d'Abraham son serviteur,
les fils de Jacob, qu'il a choisis. ℟

Il appela sur le pays la famine,
le privant de toute ressource.
Mais devant eux il envoya un homme,
Joseph, qui fut vendu comme esclave. ℟

On lui met aux pieds des entraves,
on lui passe des fers au cou ;
il souffrait pour la parole du Seigneur,
jusqu'au jour où s'accomplit sa prédiction. ℟

Le roi ordonne qu'il soit relâché,
le maître des peuples, qu'il soit libéré.
Il fait de lui le chef de sa maison,
le maître de tous ses biens. ℟

Acclamation de l'Évangile

Louange à toi, Seigneur, Roi d'éternelle gloire ! Dieu a tellement aimé le monde qu'il a donné son Fils unique, afin que ceux qui croient en lui aient la vie éternelle. ***Louange à toi, Seigneur, Roi d'éternelle gloire !***

Évangile de Jésus Christ

selon saint Matthieu (21, 33-43. 45-46)

« Voici l'héritier : venez ! tuons-le ! »

En ce temps-là, Jésus disait aux grands prêtres et aux anciens du peuple : « Écoutez cette parabole : Un homme était propriétaire d'un domaine ; il planta une vigne, l'entoura d'une clôture, y creusa un pressoir et bâtit une tour de garde. Puis il loua cette vigne à des vignerons, et partit en voyage. Quand arriva le temps des fruits, il envoya ses serviteurs auprès des vignerons pour se faire remettre le produit de sa vigne. Mais les vignerons se saisirent des serviteurs, frappèrent l'un, tuèrent l'autre, lapidèrent le troisième. De nouveau, le propriétaire envoya d'autres serviteurs plus nombreux que les premiers; mais on les traita de la même façon. Finalement, il leur envoya son fils, en se disant : “Ils respecteront mon fils.” Mais, voyant le fils, les vignerons se dirent entre eux : “Voici l'héritier : venez ! tuons-le, nous aurons son héritage !” Ils se saisirent de lui, le jetèrent hors de la vigne et le tuèrent. Eh bien ! quand le maître de la vigne viendra, que fera-t-il à ces vignerons ? » On lui répond : « Ces misérables, il les fera périr misérablement. Il louera la vigne à d'autres vignerons, qui lui en remettront le produit en temps voulu. » Jésus leur dit : « N'avez-vous jamais lu dans les Écritures : *La pierre qu'ont rejetée les bâtisseurs est devenue la pierre d'angle : c'est là l'œuvre du Seigneur, la merveille devant nos yeux !* Aussi, je vous le dis : Le royaume de Dieu vous sera enlevé pour être donné à une nation qui lui fera produire ses fruits. »

En entendant les paraboles de Jésus, les grands prêtres et les pharisiens avaient bien compris qu'il parlait d'eux. Tout en cherchant à l'arrêter, ils eurent peur des foules, parce qu'elles le tenaient pour un prophète.

Prière sur les offrandes

Que ton amour, Seigneur, devance tes serviteurs pour leur permettre de bien célébrer ces mystères; qu'il les aide à rester partout à ton service. Par Jésus… **— *Amen.***

Préfaces du Carême, p. 231.

Antienne de la communion

Dieu nous a aimés et il a envoyé son Fils qui est la victime offerte pour nos péchés. (1 Jn 4, 10)

Prière après la communion

C'est déjà le salut éternel, Seigneur, que nous commençons de recevoir : accorde-nous de tendre vers lui de manière à le posséder. Par Jésus… **— *Amen.***

INVITATION

Suis-je en conflit avec mon frère ? Suis-je prêt à dépasser notre mésentente et à ne pas le « vendre à des marchands » quels qu'ils soient ?

COMMENTAIRE

Saisissant récit

Matthieu 21, 33-43. 45-46

La parabole contée par Jésus est pathétique. Le maître de la vigne représente le Père, les serviteurs, les prophètes envoyés à Israël. Le fils que les vignerons n'hésitent pas à supprimer, c'est lui. Jésus se compare également à la pierre rejetée par les bâtisseurs, devenue pierre angulaire. Sur le mode d'un récit, le Christ exprime sa souffrance mais bien davantage encore sa liberté. Sa vie est donnée par avance et nul ne saurait la lui enlever. ■

Sœur Bénédicte de la Croix, cistercienne

SAMEDI 14 MARS 2020

2e SEMAINE DE CARÊME COULEUR LITURGIQUE : VIOLET

Temps du Carême, *messe de la férie*

Antienne d'ouverture

Le Seigneur est tendresse et pitié, lent à la colère et plein d'amour ; la bonté du Seigneur est pour tous, sa tendresse, pour toutes ses œuvres.
(Ps 144, 8-9)

Prière

Par ta grâce tu nous guéris, Seigneur, et tu nous donnes déjà les biens du ciel alors que nous sommes encore sur la terre ; dirige toi-même notre vie de chaque jour et conduis-la jusqu'à cette lumière où tu veux nous accueillir. Par Jésus Christ… ***— Amen.***

Lecture

du livre du prophète Michée (7, 14-15. 18-20)

« Tu jetteras au fond de la mer tous nos péchés ! »

Seigneur, avec ta houlette, sois le pasteur de ton peuple, du troupeau qui t'appartient, qui demeure isolé dans le maquis, entouré de vergers. Qu'il retrouve son pâturage à Bashane et Galaad, comme aux jours d'autrefois ! Comme aux jours où tu sortis d'Égypte, tu lui feras voir des merveilles !

Qui est Dieu comme toi, pour enlever le crime, pour passer sur la révolte comme tu le fais à l'égard du

reste, ton héritage : un Dieu qui ne s'obstine pas pour toujours dans sa colère mais se plaît à manifester sa faveur ? De nouveau, tu nous montreras ta miséricorde, tu fouleras aux pieds nos crimes, tu jetteras au fond de la mer tous nos péchés ! Ainsi tu accordes à Jacob ta fidélité, à Abraham ta faveur, comme tu l'as juré à nos pères depuis les jours d'autrefois.
– Parole du Seigneur.

Psaume 102 (103)

℟ ***Le Seigneur est tendresse et pitié.***

Bénis le Seigneur, ô mon âme,
bénis son nom très saint, tout mon être !
Bénis le Seigneur, ô mon âme,
n'oublie aucun de ses bienfaits ! ℟

Car il pardonne toutes tes offenses
et te guérit de toute maladie ;
il réclame ta vie à la tombe
et te couronne d'amour et de tendresse ! ℟

Il n'est pas pour toujours en procès,
ne maintient pas sans fin ses reproches ;
il n'agit pas envers nous selon nos fautes,
ne nous rend pas selon nos offenses. ℟

Comme le ciel domine la terre,
fort est son amour pour qui le craint ;
aussi loin qu'est l'orient de l'occident,
il met loin de nous nos péchés. ℟

Acclamation de l'Évangile

Ta parole, Seigneur, est vérité, et ta loi, délivrance. Je me lèverai, j'irai vers mon père, et je lui dirai : Père, j'ai péché contre le ciel et envers toi. ***Ta parole, Seigneur, est vérité, et ta loi, délivrance.***

Évangile de Jésus Christ

selon saint Luc (15, 1-3. 11-32)

« Ton frère que voilà était mort, et il est revenu à la vie »

En ce temps-là, les publicains et les pécheurs venaient tous à Jésus pour l'écouter. Les pharisiens et les scribes récriminaient contre lui : « Cet homme fait bon accueil aux pécheurs, et il mange avec eux ! »
Alors Jésus leur dit cette parabole : « Un homme avait deux fils. Le plus jeune dit à son père : "Père, donne-moi la part de fortune qui me revient." Et le père leur partagea ses biens. Peu de jours après, le plus jeune rassembla tout ce qu'il avait, et partit pour un pays lointain où il dilapida sa fortune en menant une vie de désordre. Il avait tout dépensé, quand une grande famine survint dans ce pays, et il commença à se trouver dans le besoin. Il alla s'engager auprès d'un habitant de ce pays, qui l'envoya dans ses champs garder les porcs. Il aurait bien voulu se remplir le ventre avec les gousses que mangeaient les porcs, mais personne ne lui donnait rien. Alors il rentra en lui-même et se dit : "Combien d'ouvriers de mon père ont du pain en abondance, et moi, ici, je meurs de faim ! Je me lèverai, j'irai vers mon père, et je lui dirai : Père, j'ai péché contre le ciel et envers toi. Je ne suis plus digne d'être appelé ton fils. Traite-moi comme l'un de tes ouvriers." Il se leva et s'en alla vers son père. Comme il était encore loin, son père l'aperçut et fut saisi de compassion ; il courut se jeter à son cou et le couvrit de baisers. Le fils lui dit : "Père, j'ai péché contre le ciel et envers toi. Je ne suis plus digne d'être appelé ton fils." Mais le père dit à ses serviteurs : "Vite, apportez le plus beau vêtement pour

l'habiller, mettez-lui une bague au doigt et des sandales aux pieds, allez chercher le veau gras, tuez-le, mangeons et festoyons, car mon fils que voilà était mort, et il est revenu à la vie ; il était perdu, et il est retrouvé." Et ils commencèrent à festoyer.
« Or le fils aîné était aux champs. Quand il revint et fut près de la maison, il entendit la musique et les danses. Appelant un des serviteurs, il s'informa de ce qui se passait. Celui-ci répondit : "Ton frère est arrivé, et ton père a tué le veau gras, parce qu'il a retrouvé ton frère en bonne santé." Alors le fils aîné se mit en colère, et il refusait d'entrer. Son père sortit le supplier. Mais il répliqua à son père : "Il y a tant d'années que je suis à ton service sans avoir jamais transgressé tes ordres, et jamais tu ne m'as donné un chevreau pour festoyer avec mes amis. Mais, quand ton fils que voilà est revenu après avoir dévoré ton bien avec des prostituées, tu as fait tuer pour lui le veau gras !" Le père répondit : "Toi, mon enfant, tu es toujours avec moi, et tout ce qui est à moi est à toi. Il fallait festoyer et se réjouir ; car ton frère que voilà était mort, et il est revenu à la vie ; il était perdu, et il est retrouvé !" »

Prière sur les offrandes

Nous t'en prions, Seigneur : que les grâces de notre rédemption viennent à nous par ces mystères, pour nous faire éviter tout écart dans notre vie et nous mener vers les biens du ciel. Par Jésus… ***— Amen.***

Préfaces du Carême, p. 231.

Antienne de la communion

Il faut se réjouir, car ton frère qui était mort est revenu à la vie, lui qui était perdu est retrouvé.
(Lc 15, 32)

Prière après la communion

Tu nous as donné, Seigneur, ton sacrement ; qu'il pénètre au profond de nos cœurs et nous communique sa puissance. Par Jésus… **— *Amen.***

INVITATION

La miséricorde a un visage : Jésus Christ. Il a besoin de mon cœur, de mes mains, de mes choix. C'est le moment de les lui offrir.

COMMENTAIRE

Vers les bras de Dieu

Luc 15, 1-3. 11-32

Si toutes les pages de l'Évangile venaient à être détruites, Charles Péguy affirmait qu'il faudrait sauver celle de l'enfant prodigue « pour comprendre enfin qui est Dieu : ce Père qui veille, qui attend, ouvre ses bras, pardonne ». En ces jours qui nous préparent aux fêtes pascales, passons du temps sous le regard aimant de Dieu. Précipitons-nous à sa rencontre dans une prière confiante. Chaque jour est un jour nouveau. ■

Sœur Bénédicte de la Croix, cistercienne

DIMANCHE 15 MARS 2020

3ᴱ DIMANCHE DE CARÊME

ANNÉE A COULEUR LITURGIQUE : VIOLET

© Johan Papin

15 - 21

« Donne-moi à boire ! » En plein midi, une femme entend cette parole extraordinaire. Le Fils de Dieu lui-même a soif. La femme s'ouvre à cette surprise et sa vie prend un chemin nouveau. Le Carême est le temps des surprises : soyons disponibles intérieurement ! Ne manquons pas le passage du Seigneur !

OUVERTURE DE LA CÉLÉBRATION

Chant d'entrée *(Suggestions p. 250)*

OU

Antienne d'ouverture

« Je vous rassemblerai de tous les pays, dit le Seigneur,
je verserai sur vous une eau pure, et vous serez purifiés,
je vous donnerai un esprit nouveau. Ainsi, par vous,
je montrerai que je suis le Dieu Saint. » (Ez 36, 23-26)

Suggestion de préparation pénitentielle *(ou p. 225)*

En ce dimanche de Carême, tournons-nous vers le Seigneur car il fera jaillir pour nous l'eau du pardon.

Seigneur Jésus, ta présence étanche notre soif ! Seigneur, prends pitié de nous !

— Seigneur, prends pitié de nous !

Ô Christ, de ton cœur jaillit l'eau qui nous porte l'amour du Père !
Ô Christ, prends pitié de nous !

— Ô Christ, prends pitié de nous !

Seigneur, tu mets en nos cœurs un chant d'action de grâce pour la vie que tu donnes ! Seigneur, prends pitié de nous !

— Seigneur, prends pitié de nous !

Que Dieu tout-puissant nous fasse miséricorde ; qu'il nous pardonne nos péchés et nous conduise à la vie éternelle. ***— Amen.***

Pendant le Carême, on omet le Gloire à Dieu.

Prière

Tu es la source de toute bonté, Seigneur, et toute miséricorde vient de toi ; tu nous as dit comment guérir du péché par le jeûne, la prière et le partage ; écoute l'aveu de notre faiblesse : nous avons conscience de nos fautes, patiemment, relève-nous avec amour. Par Jésus Christ…
— Amen.

LITURGIE DE LA PAROLE

Lecture du livre de l'Exode (17, 3-7)

« Donne-nous de l'eau à boire »

En ces jours-là, dans le désert, le peuple, manquant d'eau, souffrit de la soif. Il récrimina contre Moïse et dit : « Pourquoi nous as-tu fait monter d'Égypte ? Était-ce pour nous faire mourir de soif avec nos fils et nos troupeaux ? » Moïse cria vers le Seigneur : « Que vais-je faire de ce peuple ? Encore un peu, et ils me lapideront ! » Le Seigneur dit à Moïse : « Passe devant le peuple, emmène avec toi plusieurs des anciens d'Israël, prends en main le bâton avec lequel tu as frappé le Nil, et va ! Moi, je serai là, devant toi, sur le rocher du mont Horeb. Tu frapperas le rocher, il en sortira de l'eau, et le peuple boira ! » Et Moïse fit ainsi sous les yeux des anciens d'Israël. Il donna à ce lieu le nom de Massa (c'est-à-dire : Épreuve) et Mériba

(c'est-à-dire : Querelle), parce que les fils d'Israël avaient cherché querelle au Seigneur, et parce qu'ils l'avaient mis à l'épreuve, en disant : « Le Seigneur est-il au milieu de nous, oui ou non ? »
– Parole du Seigneur.

Psaume 94 (95)

℟ ***Aujourd'hui, ne fermez pas votre cœur, mais écoutez la voix du Seigneur !***

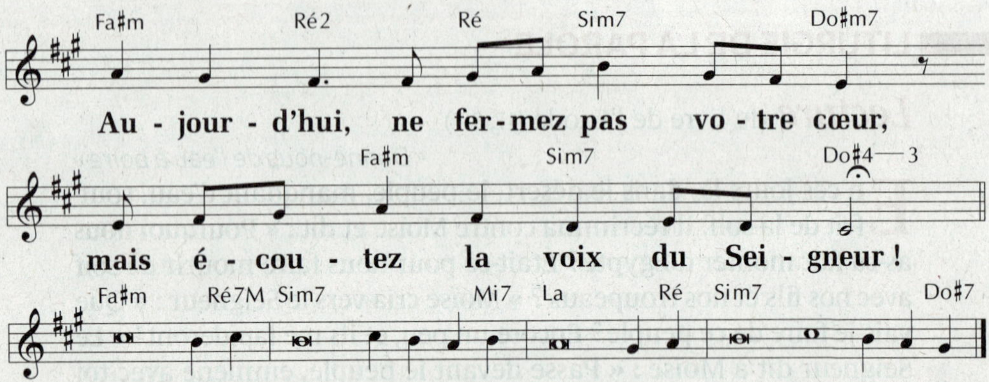

T. : AELF ; M. : G. Previdi ; ADF.

Venez, crions de joie pour le Seigneur,
acclamons notre Rocher, notre salut !
Allons jusqu'à lui en rendant grâce,
par nos hymnes de fête acclamons-le ! ℟

Retrouvez ce psaume sur le CD "Les psaumes de l'année A"

Entrez, inclinez-vo<u>u</u>s, prosternez-vous,
adorons le Seigne<u>u</u>r qui nous a faits.
Oui, il <u>e</u>st notre Dieu ;
nous sommes le pe<u>u</u>ple qu'il conduit. ℟

Aujourd'hui écouterez-vo<u>u</u>s sa parole ?
« Ne fermez pas votre cœ<u>u</u>r comme au désert,
où vos pères m'ont tent<u>é</u> et provoqué,
et pourtant ils avaient v<u>u</u> mon exploit. » ℟

Lecture de la lettre de saint Paul apôtre aux Romains (5, 1-2. 5-8)

« L'amour de Dieu a été répandu dans nos cœurs par l'Esprit Saint qui nous a été donné »

Frères, nous qui sommes devenus justes par la foi, nous voici en paix avec Dieu par notre Seigneur Jésus Christ, lui qui nous a donné, par la foi, l'accès à cette grâce dans laquelle nous sommes établis ; et nous mettons notre fierté dans l'espérance d'avoir part à la gloire de Dieu. Et l'espérance ne déçoit pas, puisque l'amour de Dieu a été répandu dans nos cœurs par l'Esprit Saint qui nous a été donné. Alors que nous n'étions encore capables de rien, le Christ, au temps fixé par Dieu, est mort pour les impies que nous étions. Accepter de mourir pour un homme juste, c'est déjà difficile ; peut-être quelqu'un s'exposerait-il à mourir pour un homme de bien. Or, la preuve que Dieu nous aime, c'est que le

Christ est mort pour nous, alors que nous étions encore pécheurs.
– Parole du Seigneur.

Acclamation de l'Évangile

Gloire au Christ, Sagesse éternelle du Dieu vivant. Gloire à toi, Seigneur. Tu es vraiment le Sauveur du monde, Seigneur ! Donne-moi de l'eau vive : que je n'aie plus soif. ***Gloire au Christ, Sagesse éternelle du Dieu vivant. Gloire à toi, Seigneur.***

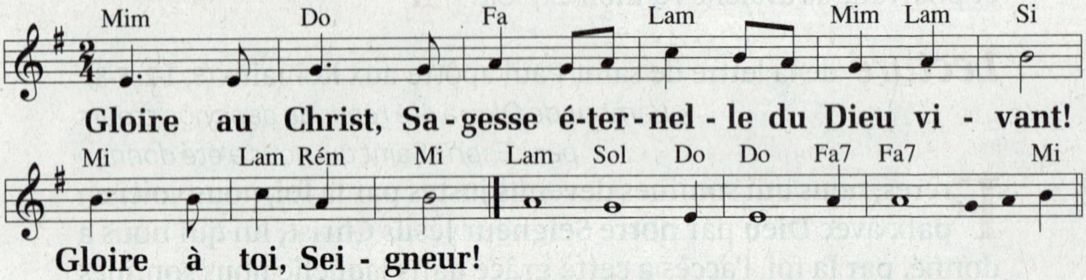

HU 44-43-1; T. : CFC; M. : P. Robert; Kinnor.

Évangile de Jésus Christ selon saint Jean (4, 5-42)

« Une source d'eau jaillissant pour la vie éternelle »

(Lecture brève : Jn 4, 5-15. 19b-26. 39a. 40-42)

En ce temps-là, Jésus arriva à une ville de Samarie, appelée Sykar, près du terrain que Jacob avait donné à son fils Joseph. Là se trouvait le puits de Jacob. Jésus, fatigué par la route, s'était

donc assis près de la source. C'était la sixième heure, environ midi. Arrive une femme de Samarie, qui venait puiser de l'eau. Jésus lui dit : « Donne-moi à boire. » – En effet, ses disciples étaient partis à la ville pour acheter des provisions. La Samaritaine lui dit : « Comment ! Toi, un Juif, tu me demandes à boire, à moi, une Samaritaine ? » – En effet, les Juifs ne fréquentent pas les Samaritains. Jésus lui répondit : « Si tu savais le don de Dieu et qui est celui qui te dit : "Donne-moi à boire", c'est toi qui lui aurais demandé, et il t'aurait donné de l'eau vive. » Elle lui dit : « Seigneur, tu n'as rien pour puiser, et le puits est profond. D'où as-tu donc cette eau vive ? Serais-tu plus grand que notre père Jacob qui nous a donné ce puits, et qui en a bu lui-même, avec ses fils et ses bêtes ? »
Jésus lui répondit : « Quiconque boit de cette eau aura de nouveau soif ; mais celui qui boira de l'eau que moi je lui donnerai n'aura plus jamais soif ; et l'eau que je lui donnerai deviendra en lui une source d'eau jaillissant pour la vie éternelle. » La femme lui dit : « Seigneur, donne-moi de cette eau, que je n'aie plus soif, et que je n'aie plus à venir ici pour puiser. »

Interruption de la lecture brève

Jésus lui dit : « Va, appelle ton mari, et reviens. » La femme répliqua : « Je n'ai pas de mari. » Jésus reprit : « Tu as raison de dire que tu n'as pas de mari : des maris, tu en as eu cinq, et celui que tu as maintenant n'est pas ton mari ; là, tu dis vrai. » La femme lui dit :

Reprise de la lecture brève

« [Seigneur,] je vois que tu es un prophète !… Eh bien ! Nos pères ont adoré sur la montagne qui est là, et vous, les Juifs, vous dites que le lieu où il faut adorer est à Jérusalem. » Jésus lui dit : « Femme, crois-moi : l'heure vient où vous n'irez plus ni sur cette montagne ni à Jérusalem pour adorer le Père. Vous, vous adorez ce que vous ne connaissez pas ; nous, nous adorons ce que nous connaissons, car le salut vient des Juifs. Mais l'heure vient – et c'est maintenant – où les vrais adorateurs adoreront le Père en esprit et vérité : tels sont les adorateurs que recherche le Père. Dieu est esprit, et ceux qui l'adorent, c'est en esprit et vérité qu'ils doivent l'adorer. » La femme lui dit : « Je sais qu'il vient, le Messie, celui qu'on appelle Christ. Quand il viendra, c'est lui qui nous fera connaître toutes choses. » Jésus lui dit : « Je le suis, moi qui te parle. »

Interruption de la lecture brève

À ce moment-là, ses disciples arrivèrent ; ils étaient surpris de le voir parler avec une femme. Pourtant, aucun ne lui dit : « Que cherches-tu ? » ou bien : « Pourquoi parles-tu avec elle ? »
La femme, laissant là sa cruche, revint à la ville et dit aux gens : « Venez voir un homme qui m'a dit tout ce que j'ai fait. Ne serait-il pas le Christ ? » Ils sortirent de la ville, et ils se dirigeaient vers lui. Entre-temps, les disciples l'appelaient : « Rabbi, viens manger. » Mais il répondit : « Pour moi, j'ai de quoi manger : c'est une nourriture que vous ne connaissez pas. » Les disciples se disaient entre

eux : « Quelqu'un lui aurait-il apporté à manger ? » Jésus leur dit : « Ma nourriture, c'est de faire la volonté de Celui qui m'a envoyé et d'accomplir son œuvre. Ne dites-vous pas : "Encore quatre mois et ce sera la moisson" ? Et moi, je vous dis : Levez les yeux et regardez les champs déjà dorés pour la moisson. Dès maintenant, le moissonneur reçoit son salaire : il récolte du fruit pour la vie éternelle, si bien que le semeur se réjouit en même temps que le moissonneur. Il est bien vrai, le dicton : "L'un sème, l'autre moissonne." Je vous ai envoyés moissonner ce qui ne vous a coûté aucun effort ; d'autres ont fait l'effort, et vous en avez bénéficié. »

Reprise de la lecture brève

Beaucoup de Samaritains de cette ville crurent en Jésus, [à cause de la parole de la femme qui rendait ce témoignage : « Il m'a dit tout ce que j'ai fait. »] Lorsqu'ils arrivèrent auprès de lui, ils l'invitèrent à demeurer chez eux. Il y demeura deux jours. Ils furent encore beaucoup plus nombreux à croire à cause de sa parole à lui, et ils disaient à la femme : « Ce n'est plus à cause de ce que tu nous as dit que nous croyons : nous-mêmes, nous l'avons entendu, et nous savons que c'est vraiment lui le Sauveur du monde. »

Homélie

Profession de foi (p. 227)

Suggestion de prière universelle

Le prêtre :

Puisque Dieu le Père a répandu son amour dans nos cœurs, n'hésitons pas à lui confier notre monde.

℟ ***Seigneur, écoute-nous, Seigneur, exauce-nous.***

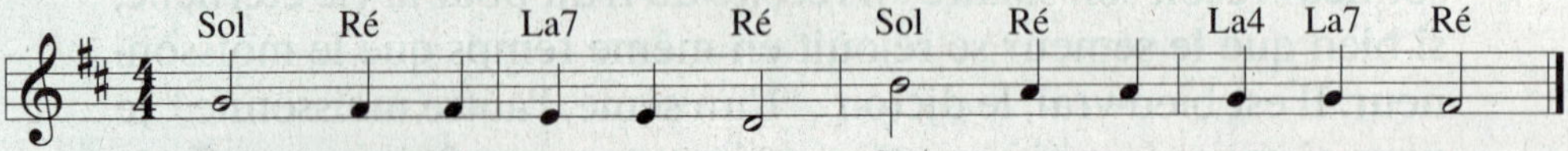

Sei - gneur, é - cou - te - nous, Sei - gneur, e - xau - ce - nous.

D. R. ; T. et M. : J. Gelineau.

Le diacre ou un lecteur :

Pour ceux qui sont assoiffés de ta parole, pour ceux qui vivent, en ce Carême, un temps de retraite spirituelle, Seigneur, nous te prions. ℟

Pour ceux dont le cœur est rongé par l'amertume, pour ceux qui ne savent plus porter un regard positif sur eux-mêmes et sur les autres, Seigneur, nous te prions. ℟

Pour les femmes, porteuses de ta vie et temples de ta présence, pour celles qui sont rejetées et celles qui sont maltraitées, Seigneur, nous te prions. ℟

Pour ton Église, appelée à persévérer dans la fidélité à l'Évangile et à grandir dans l'unité, pour les catholiques de Chine, avec le pape François, Seigneur, nous te prions. ℟

(Ces intentions seront adaptées ou modifiées selon les circonstances.)

Le prêtre :

Dieu notre Père, toi qui es là, devant nous sur toutes les routes du monde, écoute nos prières et daigne les exaucer. Nous te le demandons par Jésus, le Christ, notre Seigneur. ***– Amen.***

LITURGIE EUCHARISTIQUE

Prière sur les offrandes

Que cette eucharistie nous obtienne, Seigneur, à nous qui implorons ton pardon, la grâce de savoir pardonner à nos frères. Par Jésus…
– Amen.

Prière eucharistique *(Préface du 3e dimanche de Carême, année A)*

Vraiment, il est juste et bon de te rendre gloire, de t'offrir notre action de grâce, toujours et en tout lieu, à toi, Père très saint, Dieu éternel et tout-puissant, par le Christ, notre Seigneur. En demandant à la Samaritaine de lui donner à boire, Jésus faisait à cette femme le don de la foi. Il avait un si grand désir d'éveiller la foi dans son cœur, qu'il fit naître en elle l'amour même de Dieu. Voilà pourquoi le ciel et la terre t'adorent ; ils te chantent leur hymne toujours nouvelle, et nous-mêmes, unissant notre voix à celle des anges, nous t'acclamons :
Saint ! Saint ! Saint…

Chant de communion *(Suggestions p. 250)*

OU

Antienne de la communion

« Qui boira de l'eau que je lui donnerai
n'aura plus jamais soif, dit le Seigneur ;
cette eau deviendra en lui source jaillissante
pour la vie éternelle. » (Jn 4, 13-14)

Prière après la communion

Nous avons reçu de toi, Seigneur, un avant-goût du ciel en mangeant dès ici-bas le pain du Royaume, et nous te supplions encore : fais-nous manifester par toute notre vie ce que le sacrement vient d'accomplir en nous. Par Jésus…

— Amen.

CONCLUSION DE LA CÉLÉBRATION

Bénédiction

Envoi

COMMENTAIRE DU DIMANCHE

Père Emmanuel Schwab, curé de la paroisse Saint-Léon, Paris (XVe)

Quelle est cette eau vive ?

« Seigneur, donne-moi de cette eau, que je n'aie plus soif. » Alors ? Jésus lui donne-t-il cette eau vive ou non ? Il change brusquement de conversation… et répond à cette demande par : « Va, appelle ton mari, et reviens. » Où est-elle, cette eau promise ? cette eau vive ? cette eau qui comble la soif ? cette eau qui devient « source jaillissant pour la vie éternelle » ? Plus loin, il est question de nourriture. Une nourriture inhabituelle : « C'est une nourriture que vous ne connaissez pas […] ma nourriture, c'est de faire la volonté de Celui qui m'a envoyé et d'accomplir son œuvre. »

Qu'est-ce que cette eau vive, et comment la reçoit-on ? La Samaritaine la recueille-t-elle ? « Comme dit l'Écriture : "De son cœur couleront des fleuves d'eau vive." En disant cela, il parlait •••

••• de l'Esprit Saint qu'allaient recevoir ceux qui croiraient en lui » (Jn 7, 38-39) La question se déplace alors : la Samaritaine reçoit-elle l'Esprit Saint ? ou quelque chose de l'Esprit Saint ? « Quand il viendra, lui, l'Esprit de vérité, il vous conduira dans la vérité tout entière », annonce Jésus (Jn 16, 13). « Tu as raison de dire que tu n'as pas de mari : des maris, tu en as eu cinq, et celui que tu as maintenant n'est pas ton mari ; là, tu dis vrai. » En faisant la vérité, la Samaritaine, sans le savoir, boit l'eau vive : elle accueille la lumière de l'Esprit. « Venez voir un homme qui m'a dit tout ce que j'ai fait. » En buvant l'eau vive, elle se met en disposition pour partager la même nourriture que Jésus : faire la volonté du Père. Lumière de la vérité et eucharistie vont ensemble. ■

> « En faisant la vérité, la Samaritaine, sans le savoir, a bu l'eau vive. »

Prions en Église Junior

LIRE L'ÉVANGILE AVEC LES ENFANTS

CE QUE JE DÉCOUVRE

As-tu déjà observé une plante qui manque d'eau ? Elle perd ses couleurs et se fane. Jésus, qui vit dans un pays sec et aride, sait que **l'eau est précieuse parce qu'elle est source de vie.** Aussi, pour expliquer à la Samaritaine qu'il est le Messie, il se compare à « l'eau vive ». Cette eau ne vient pas du puits, mais de Dieu : **Jésus est le don de Dieu. Comme les plantes ont besoin d'eau, il apporte aux hommes la vie et l'amour dont ils ont besoin.** Voilà pourquoi il dit à la Samaritaine qu'elle n'aura **« plus jamais soif ».**

CE QUE JE VIS

Selon toi, qu'est-ce qui est nécessaire à la vie ? De l'eau, du pain ?
Quels dons as-tu reçus de Dieu, à ton avis ?
Rafraîchis-toi le visage et dis : « Seigneur Jésus, deviens en moi une source d'eau vive, jaillissant pour la vie éternelle. »

Texte : Patricia Metzger. Illustrations : Marcelino Truong

MÉDITATION BIBLIQUE
3E DIMANCHE DE CARÊME
Livre de l'Exode 17, 3-7

Soupçon et confiance

La peur de manquer et l'inquiétude qui en découle prennent une grande place dans nos existences. La parole de Dieu nous dévoile comment elles sont aussi une occasion de foi.

Le temps de la préparation

« Ne vous souciez pas, pour votre vie, de ce que vous mangerez, ni, pour votre corps, de quoi vous le vêtirez » (Mt 6, 25).

Le temps de l'observation

L'Égypte est derrière. La Terre promise devant. Après les premiers moments d'euphorie, vient le manque et, avec lui, le moment du soupçon, du doute, du défaut de confiance. Et le soupçon est communicatif. Le peuple doute de Moïse et donc de Dieu, Moïse doute de Dieu et donc du peuple. Chacun attend le pire : mourir de soif ou se faire lapider. Face à cette défiance généralisée, Dieu prend la parole. Il s'adresse à Moïse, le rejoint dans ses préoccupations, l'assure de sa présence. Il lui fait une promesse qu'il tiendra. Mais l'engagement de Dieu auprès du peuple d'Israël serait resté lettre morte sans le risque que Moïse accepte de prendre. C'est au fond la confiance que Moïse fait à Dieu qui fait basculer la situation. C'est elle qui participe à réaliser le miracle qui consistera à faire jaillir de l'eau d'un rocher en plein désert. C'est en cela que Moïse est essentiel à la révélation et au salut.

Le temps de la méditation

Moïse fait un pas de plus, peut-être sans bien savoir ce qu'il fait. Ce pas est pourtant décisif et rejoint tous les petits pas qui sont au fondement de l'histoire biblique. Comme lui, de nombreux personnages osent se risquer à croire ce que Dieu leur dit, ce qu'ils pressentent être juste et vrai. Le risque et la confiance sont au cœur de la révélation de Dieu dans l'humanité. Jésus ne demande pas autre chose à cette femme appelée la Samaritaine. « Femme, crois-moi… » (Jn 4, 21). Qu'il s'agisse de l'eau du désert ou de la « source d'eau jaillissant en vie éternelle », l'eau est là, présente mais d'une façon souterraine, cachée, invisible. Nous ne percevons pas tout de la réalité et, trop souvent, l'important nous échappe. Dieu nous rejoint dans cette limite et sa parole crée un chemin unique, pour nous, à cet instant. Cette confiance est ce qui nous mène à la vraie vie. Elle est la réponse première et incontournable à l'appel de Dieu.

Le temps de la prière

« Oui, il est notre Dieu ;
nous sommes le peuple
qu'il conduit, le troupeau guidé
par sa main » Ps 94 (95), 7. ■

Marie-Laure Durand,
bibliste

LUNDI 16 MARS 2020

3E SEMAINE DE CARÊME COULEUR LITURGIQUE : VIOLET

Temps du Carême, *messe de la férie*

Antienne d'ouverture

Mon âme s'épuise à désirer ta présence, Seigneur ;
mon cœur et ma chair sont un cri vers toi,
ô Dieu vivant. (Ps 83, 3)

Prière

Ne relâche pas ton amour, Seigneur, purifie ton Église et protège-la ; sans toi elle ne peut être en sûreté : que ta grâce la gouverne toujours. Par Jésus Christ…
— Amen.

Lecture

du deuxième livre des Rois (5, 1-15a)

« Il y avait beaucoup de lépreux en Israël ;
et aucun d'eux n'a été purifié, mais bien Naaman le Syrien »

En ces jours-là, Naaman, général de l'armée du roi d'Aram, était un homme de grande valeur et hautement estimé par son maître, car c'est par lui que le Seigneur avait donné la victoire au royaume d'Aram. Or, ce vaillant guerrier était lépreux. Des Araméens, au cours d'une expédition en terre d'Israël, avaient fait prisonnière une fillette qui fut mise au service de la femme de Naaman. Elle dit à sa maîtresse : « Ah ! si mon

maître s'adressait au prophète qui est à Samarie, celui-ci le délivrerait de sa lèpre. » Naaman alla auprès du roi et lui dit : « Voilà ce que la jeune fille d'Israël a déclaré. » Le roi d'Aram lui répondit : « Va, mets-toi en route. J'envoie une lettre au roi d'Israël. »
Naaman partit donc ; il emportait dix lingots d'argent, six mille pièces d'or et dix vêtements de fête. Il remit la lettre au roi d'Israël. Celle-ci portait : « En même temps que te parvient cette lettre, je t'envoie Naaman mon serviteur, pour que tu le délivres de sa lèpre. » Quand le roi d'Israël lut ce message, il déchira ses vêtements et s'écria : « Est-ce que je suis Dieu, maître de la vie et de la mort ? Ce roi m'envoie un homme pour que je le délivre de sa lèpre ! Vous le voyez bien : c'est une provocation ! » Quand Élisée, l'homme de Dieu, apprit que le roi d'Israël avait déchiré ses vêtements, il lui fit dire : « Pourquoi as-tu déchiré tes vêtements ? Que cet homme vienne à moi, et il saura qu'il y a un prophète en Israël. »
Naaman arriva avec ses chevaux et son char, et s'arrêta à la porte de la maison d'Élisée. Élisée envoya un messager lui dire : « Va te baigner sept fois dans le Jourdain, et ta chair redeviendra nette, tu seras purifié. » Naaman se mit en colère et s'éloigna en disant : « Je m'étais dit : Sûrement il va sortir, et se tenir debout pour invoquer le nom du Seigneur son Dieu ; puis il agitera sa main au-dessus de l'endroit malade et guérira ma lèpre. Est-ce que les fleuves de Damas, l'Abana et le Parpar, ne valent pas mieux que toutes les eaux d'Israël ? Si je m'y baignais, est-ce que je ne serais pas purifié ? » Il tourna bride et partit en colère. Mais ses serviteurs s'approchèrent pour lui dire : « Père ! Si

le prophète t'avait ordonné quelque chose de difficile, tu l'aurais fait, n'est-ce pas ? Combien plus, lorsqu'il te dit : "Baigne-toi, et tu seras purifié." » Il descendit jusqu'au Jourdain et s'y plongea sept fois, pour obéir à la parole de l'homme de Dieu ; alors sa chair redevint semblable à celle d'un petit enfant : il était purifié ! Il retourna chez l'homme de Dieu avec toute son escorte ; il entra, se présenta devant lui et déclara : « Désormais, je le sais : il n'y a pas d'autre Dieu, sur toute la terre, que celui d'Israël ! »
– Parole du Seigneur.

Psaume 41 (42)

℟ ***Mon âme a soif de Dieu, le Dieu vivant.***

Comme un cerf altéré
cherche l'eau vive,
ainsi mon âme te cherche,
toi, mon Dieu. ℟

Mon âme a soif de Dieu,
le Dieu vivant ;
quand pourrai-je m'avancer,
paraître face à Dieu ? ℟

Envoie ta lumière et ta vérité :
qu'elles guident mes pas
et me conduisent à ta montagne sainte,
jusqu'en ta demeure. ℟

J'avancerai jusqu'à l'autel de Dieu,
vers Dieu qui est toute ma joie ;
je te rendrai grâce avec ma harpe,
Dieu, mon Dieu ! ℟

Acclamation de l'Évangile

Gloire au Christ, Sagesse éternelle du Dieu vivant. Gloire à toi, Seigneur. J'espère le Seigneur, et j'attends sa parole ; près du Seigneur est l'amour, l'abondance du rachat. ***Gloire au Christ, Sagesse éternelle du Dieu vivant. Gloire à toi, Seigneur.***

Évangile de Jésus Christ

selon saint Luc (4, 24-30)

Jésus, comme Élie et Élisée, n'est pas envoyé qu'aux seuls Juifs

Dans la synagogue de Nazareth, Jésus déclara : « Amen, je vous le dis : aucun prophète ne trouve un accueil favorable dans son pays. En vérité, je vous le dis : Au temps du prophète Élie, lorsque pendant trois ans et demi le ciel retint la pluie, et qu'une grande famine se produisit sur toute la terre, il y avait beaucoup de veuves en Israël ; pourtant Élie ne fut envoyé vers aucune d'entre elles, mais bien dans la ville de Sarepta, au pays de Sidon, chez une veuve étrangère. Au temps du prophète Élisée, il y avait beaucoup de lépreux en Israël ; et aucun d'eux n'a été purifié, mais bien Naaman le Syrien. » À ces mots, dans la synagogue, tous devinrent furieux. Ils se levèrent, poussèrent Jésus hors de la ville, et le menèrent jusqu'à un escarpement de la colline où leur ville est construite, pour le précipiter en bas. Mais lui, passant au milieu d'eux, allait son chemin.

15 - 21

Prière sur les offrandes

Ces dons que tes serviteurs te rapportent, Seigneur, pour te rendre hommage, transforme-les toi-même en sacrement de notre salut. Par Jésus… ***— Amen.***

Préfaces du Carême, p. 231.

Antienne de la communion

Louez le Seigneur, tous les peuples !
Qu'il est fort, son amour pour nous :
le Seigneur est toujours fidèle.
(Ps 116, 1-2)

Prière après la communion

Que notre communion à ton sacrement, Seigneur, purifie chacun d'entre nous, et réalise notre unité. Par Jésus…
— ***Amen.***

INVITATION

L'Évangile rappelle que Dieu offre son salut à tous les hommes. Je réinterroge ma charité en matière d'accueil des étrangers.

COMMENTAIRE

Le salut, une proposition Luc 4, 24-30

Jésus ne s'est jamais imposé, tellement respectueux de la liberté des personnes auxquelles il proposait ses gestes de salut et son message d'amour. À Nazareth où il n'est pas reçu, il passe au milieu de ses contemporains, et va son chemin, il sait qu'ailleurs il sera accueilli. Seigneur, merci de venir à ma rencontre. Ne me laisse pas détourner mon regard. J'accueille la paix que tu m'offres. ■

Père Gérard Naslin, *prêtre du diocèse de Nantes*

MARDI 17 MARS 2020

3E SEMAINE DE CARÊME COULEUR LITURGIQUE : VIOLET

Temps du Carême, *messe de la férie*
(Saint Patrice)

Antienne d'ouverture

Je t'appelle, mon Dieu, car tu peux me répondre ; écoute-moi ! Entends ce que je dis. Garde-moi comme la prunelle de l'œil ; sois mon abri, protège-moi. (Ps 16, 6-8)

Prière

Ne nous prive pas de ta grâce, Dieu fidèle : qu'elle nous consacre à ton service et nous assiste toujours. Par Jésus Christ… ***– Amen.***

15 - 21

Lecture

du livre du prophète Daniel (3, 25. 34-43)

« Avec nos cœurs brisés, nos esprits humiliés, reçois-nous »

En ces jours-là, Azarias, debout, priait ainsi ; au milieu du feu, ouvrant la bouche, il dit : À cause de ton nom*, ne nous livre pas pour toujours et ne romps pas ton alliance. Ne nous retire pas ta miséricorde, à cause d'Abraham, ton ami, d'Isaac, ton serviteur, et d'Israël que tu as consacré. Tu as dit que tu rendrais leur descendance aussi nombreuse que les astres du ciel, que le sable au rivage des mers. Or nous voici, ô Maître, le moins nombreux de tous les peuples, humiliés aujourd'hui sur toute la terre, à cause de nos péchés. Il n'est plus, en ce temps, ni prince ni chef ni prophète,

plus d'holocauste ni de sacrifice, plus d'oblation ni d'offrande d'encens, plus de lieu où t'offrir nos prémices pour obtenir ta miséricorde. Mais, avec nos cœurs brisés, nos esprits humiliés, reçois-nous, comme un holocauste de béliers, de taureaux, d'agneaux gras par milliers. Que notre sacrifice, en ce jour, trouve grâce devant toi, car il n'est pas de honte pour qui espère en toi. Et maintenant, de tout cœur, nous te suivons, nous te craignons et nous cherchons ta face. Ne nous laisse pas dans la honte, agis envers nous selon ton indulgence et l'abondance de ta miséricorde. Délivre-nous en renouvelant tes merveilles, glorifie ton nom, Seigneur. – Parole du Seigneur.

Psaume 24 (25)

℟ ***Rappelle-toi, Seigneur, ta tendresse.***

Seigneur, enseigne-moi tes voies,
fais-moi connaître ta route.
Dirige-moi par ta vérité, enseigne-moi,
car tu es le Dieu qui me sauve. ℟

Rappelle-toi, Seigneur, ta tendresse,
ton amour qui est de toujours.
Dans ton amour, ne m'oublie pas,
en raison de ta bonté, Seigneur. ℟

Il est droit, il est bon, le Seigneur,
lui qui montre aux pécheurs le chemin.
Sa justice dirige les humbles,
il enseigne aux humbles son chemin. ℟

Acclamation de l'Évangile

Gloire à toi, Seigneur, honneur, puissance et majesté ! Maintenant, dit le Seigneur, revenez à moi de tout votre cœur, car je suis tendre et miséricordieux. ***Gloire à toi, Seigneur, honneur, puissance et majesté !***

Évangile de Jésus Christ

selon saint Matthieu (18, 21-35)

« C'est ainsi que mon Père du ciel vous traitera, si chacun de vous ne pardonne pas à son frère »

En ce temps-là, Pierre s'approcha de Jésus pour lui demander : « Seigneur, lorsque mon frère commettra des fautes contre moi, combien de fois dois-je lui pardonner ? Jusqu'à sept fois ? » Jésus lui répondit : « Je ne te dis pas jusqu'à sept fois, mais jusqu'à 70 fois sept fois. Ainsi, le royaume des Cieux est comparable à un roi qui voulut régler ses comptes avec ses serviteurs. Il commençait, quand on lui amena quelqu'un qui lui devait dix mille talents (c'est-à-dire soixante millions de pièces d'argent). Comme cet homme n'avait pas de quoi rembourser, le maître ordonna de le vendre, avec sa femme, ses enfants et tous ses biens, en remboursement de sa dette. Alors, tombant à ses pieds, le serviteur demeurait prosterné et disait : "Prends patience envers moi, et je te rembourserai tout." Saisi de compassion, le maître de ce serviteur le laissa partir et lui remit sa dette.

Mais, en sortant, ce serviteur trouva un de ses compagnons qui lui devait cent pièces d'argent. Il se jeta sur lui pour l'étrangler, en disant : "Rembourse ta dette !" Alors, tombant à ses pieds, son compagnon le suppliait : "Prends patience envers moi, et je te rembourserai." Mais l'autre refusa et le fit jeter en prison jusqu'à ce qu'il ait remboursé ce qu'il devait. Ses compagnons, voyant cela, furent profondément attristés et allèrent raconter à leur maître tout ce qui s'était passé. Alors celui-ci le fit appeler et lui dit : "Serviteur mauvais ! je t'avais remis toute cette dette parce que tu m'avais supplié. Ne devais-tu pas, à ton tour, avoir pitié de ton compagnon, comme moi-même j'avais eu pitié de toi ?" Dans sa colère, son maître le livra aux bourreaux jusqu'à ce qu'il eût remboursé tout ce qu'il devait. C'est ainsi que mon Père du ciel vous traitera, si chacun de vous ne pardonne pas à son frère du fond du cœur. »

Prière sur les offrandes

Nous t'en prions, Dieu tout-puissant : que ce sacrifice offert pour notre salut nous guérisse de toute faiblesse et attire sur nous ta puissance. Par Jésus… ***— Amen.***

Préfaces du Carême, p. 231.

Antienne de la communion

Qui sera reçu dans ta maison,
Seigneur, qui habitera
sur ta montagne sainte ?
Tout homme qui se conduit bien,
qui agit avec justice. (Ps 14, 1-2)

Prière après la communion

Que cette communion à ton mystère, Seigneur, nous fasse vivre davantage : qu'elle nous apporte à la fois la remise de nos dettes et ta protection pour l'avenir. Par Jésus… ***— Amen.***

INVITATION

Dieu n'est pas comptable… Est-ce que je compte mes bonnes actions ?
En toute humilité, je prononce une parole de pardon.

COMMENTAIRE

Question de pardon Matthieu 18, 21-35

Pour Jésus, le pardon n'est pas une option, il est un des attributs de Dieu. Pour obtenir son pardon, il nous faut à notre tour pardonner, c'est une question de cohérence. Le roi de la parabole reproche à celui qui a bénéficié de sa compassion de ne pas avoir manifesté la même compassion à son débiteur. Seigneur, pardonne-moi mes offenses, et j'aimerais pardonner comme toi tu pardonnes. ■

Père Gérard Naslin, *prêtre du diocèse de Nantes*

❊ CLÉ DE LECTURE

« À cause de ton nom » Daniel 3, 34 *(p. 121)*

La grande prière d'Azarya, insérée dans le livre de Daniel, est encadrée par les locutions « à cause de ton nom » et « glorifie ton nom ». Depuis le retour de l'Exil, le sentiment de l'incapacité humaine à changer de conduite et de cœur est devenu si aigu que l'espérance d'Israël se transforme. Dieu n'agira pas envers son peuple à cause de son comportement mais uniquement pour l'honneur de son propre nom, parce qu'il est le Dieu fidèle, qui ne saurait déroger à sa promesse. L'ultime espérance des hommes, c'est la fidélité de Dieu, celle qui s'exprime dans son nom. En même temps, le prophète continue de demander à chacun de présenter un cœur humilié, brisé, un cœur qui aura perdu sa dureté pour se laisser pénétrer par la tendresse inouïe de Dieu. ■

Roselyne Dupont-Roc, *bibliste*

MERCREDI 18 MARS 2020

3ᴱ SEMAINE DE CARÊME COULEUR LITURGIQUE : VIOLET

Temps du Carême, *messe de la férie*
(Saint Cyrille de Jérusalem)

Antienne d'ouverture

Que tes promesses orientent mes pas, Seigneur :
ne laisse aucun mal me dominer. (Ps 118, 133)

Prière

Seigneur, tu nous accordes ce temps de Carême pour nous former à la vie avec le Christ et nous alimenter de ta parole ; que notre effort de pénitence nous obtienne la fidélité à te servir et le goût de te prier d'un même cœur. Par Jésus Christ… — ***Amen.***

Lecture

du livre du Deutéronome (4, 1. 5-9)

« Vous garderez mes décrets, vous les mettrez en pratique »

Moïse disait au peuple : « Maintenant, Israël, écoute les décrets et les ordonnances que je vous enseigne pour que vous les mettiez en pratique. Ainsi vous vivrez, vous entrerez, pour en prendre possession, dans le pays que vous donne le Seigneur, le Dieu de vos pères. Voyez, je vous enseigne les décrets et les ordonnances que le Seigneur mon Dieu m'a donnés pour vous, afin que vous les mettiez en pratique dans le pays où vous allez entrer pour en prendre possession. Vous les garderez,

vous les mettrez en pratique ; ils seront votre sagesse et votre intelligence aux yeux de tous les peuples. Quand ceux-ci entendront parler de tous ces décrets, ils s'écrieront : "Il n'y a pas un peuple sage et intelligent comme cette grande nation !" Quelle est en effet la grande nation dont les dieux soient aussi proches que le Seigneur notre Dieu est proche de nous chaque fois que nous l'invoquons ? Et quelle est la grande nation dont les décrets et les ordonnances soient aussi justes que toute cette Loi que je vous donne aujourd'hui ? Mais prends garde à toi : garde-toi de jamais oublier ce que tes yeux ont vu ; ne le laisse pas sortir de ton cœur un seul jour. Enseigne-le à tes fils, et aux fils de tes fils. »

– Parole du Seigneur.

Psaume 147 (147B)

℟ ***Glorifie le Seigneur, Jérusalem ! Célèbre ton Dieu, ô Sion !***

Glorifie le Seigneur, Jérusalem !
Célèbre ton Dieu, ô Sion !
Il a consolidé les barres de tes portes,
dans tes murs il a béni tes enfants. ℟

Il envoie sa parole sur la terre :
rapide, son verbe la parcourt.
Il étale une toison de neige,
il sème une poussière de givre. ℟

Il révèle sa parole à Jacob,
ses volontés et ses lois à Israël.
Pas un peuple qu'il ait ainsi traité ;
nul autre n'a connu ses volontés. ℟

Acclamation de l'Évangile

Gloire à toi, Seigneur, Fils du Dieu vivant ! Tes paroles, Seigneur, sont esprit et elles sont vie. Tu as les paroles de la vie éternelle. ***Gloire à toi, Seigneur, Fils du Dieu vivant !***

Évangile de Jésus Christ

selon saint Matthieu (5, 17-19)

« Celui qui les observera et les enseignera, celui-là sera déclaré grand »

En ce temps-là, Jésus disait à ses disciples : « Ne pensez pas que je sois venu abolir la Loi ou les Prophètes : je ne suis pas venu abolir, mais accomplir. Amen, je vous le dis : Avant que le ciel et la terre disparaissent, pas un seul iota, pas un seul trait ne disparaîtra de la Loi jusqu'à ce que tout se réalise. Donc, celui qui rejettera un seul de ces plus petits commandements, et qui enseignera aux hommes à faire ainsi, sera déclaré le plus petit dans le royaume des Cieux. Mais celui qui les observera et les enseignera, celui-là sera déclaré grand dans le royaume des Cieux. »

Prière sur les offrandes

Avec ces offrandes, Seigneur, accepte les prières de ton peuple ; et nous qui prenons part à cette eucharistie, protège-nous de tout mal. Par Jésus… ***— Amen.***

Préfaces du Carême, p. 231.

Antienne de la communion
Tu m'as montré, Seigneur,
la route de la vie ; en ta présence,
la joie est sans mesure.
(Ps 15, 11)

Prière après la communion
Que cette communion à ton Fils Jésus Christ nous sanctifie, Seigneur notre Dieu : après avoir effacé tous nos torts, qu'elle ouvre nos cœurs aux promesses de ton Règne. Par Jésus… ***— Amen.***

INVITATION

Temps favorable pour revenir à Dieu, le Carême me permet de faire le point : qui est Dieu, pour moi ?

COMMENTAIRE

Cohérence Matthieu 5, 17-19

Jésus ne s'est pas contenté d'enseigner la Loi d'amour, il l'a mise en application. Alors il demande d'observer et d'enseigner la Loi pour être déclaré grand dans le royaume des Cieux. Pour Jésus, c'est toujours une question de cohérence. Seigneur, inscris ta loi dans mon cœur et que mes actes et mes paroles annoncent cette Loi. ■

***Père Gérard Naslin**, prêtre du diocèse de Nantes*

JEUDI 19 MARS 2020

3E SEMAINE DE CARÊME COULEUR LITURGIQUE : BLANC

Saint Joseph

Antienne d'ouverture

Célébrons dans la joie la fête de saint Joseph,
le serviteur fidèle et avisé
que le Seigneur a établi sur sa famille. (Lc 12, 42)

Gloire à Dieu *(p. 226)*

Prière

Dieu tout-puissant, à l'aube des temps nouveaux tu as confié à saint Joseph la garde des mystères du salut ; accorde maintenant à ton Église, toujours soutenue par sa prière, de veiller sur leur achèvement. Par Jésus Christ… ***— Amen.***

Lectures propres à la solennité de saint Joseph.

Lecture

du deuxième livre de Samuel (7, 4-5a. 12-14a. 16)

« Le Seigneur Dieu lui donnera le trône de David son père »

Cette nuit-là, la parole du Seigneur fut adressée au prophète Nathan : « Va dire à mon serviteur David : Ainsi parle le Seigneur : Quand tes jours seront accomplis et que tu reposeras auprès de tes pères, je te susciterai dans ta descendance un successeur, qui naîtra de toi, et je rendrai

PrionsenÉglise
PrionsenÉglise
PrionsenÉglise

stable sa royauté. C'est lui qui bâtira une maison pour mon nom, et je rendrai stable pour toujours son trône royal. Moi, je serai pour lui un père ; et lui sera pour moi un fils. Ta maison et ta royauté subsisteront toujours devant moi, ton trône sera stable pour toujours. » – Parole du Seigneur.

Psaume 88 (89)

℟ ***Sa dynastie, sans fin subsistera.***

L'amour du Seigneur, sans fin je le chante ;
ta fidélité, je l'annonce d'âge en âge.
Je le dis : C'est un amour bâti pour toujours ;
ta fidélité est plus stable que les cieux. ℟

« Avec mon élu, j'ai fait une alliance,
j'ai juré à David, mon serviteur :
J'établirai ta dynastie pour toujours,
je te bâtis un trône pour la suite des âges. ℟

« Il me dira : Tu es mon Père,
mon Dieu, mon roc et mon salut !
Sans fin je lui garderai mon amour,
mon alliance avec lui sera fidèle. » ℟

Lecture

de la lettre de saint Paul apôtre aux Romains (4, 13. 16-18. 22)

« Espérant contre toute espérance, il a cru »

Frères, ce n'est pas en vertu de la Loi que la promesse de recevoir le monde en héritage a été faite à Abraham et à sa descendance, mais en vertu de la justice obtenue par la foi. Voilà pourquoi on devient

héritier par la foi : c'est une grâce, et la promesse demeure ferme pour tous les descendants d'Abraham, non pour ceux qui se rattachent à la Loi seulement, mais pour ceux qui se rattachent aussi à la foi d'Abraham, lui qui est notre père à tous. C'est bien ce qui est écrit : *J'ai fait de toi le père d'un grand nombre de nations.* Il est notre père devant Dieu en qui il a cru, Dieu qui donne la vie aux morts et qui appelle à l'existence ce qui n'existe pas. Espérant contre toute espérance, il a cru ; ainsi est-il devenu le père d'un grand nombre de nations, selon cette parole : *Telle sera la descendance que tu auras !* Et voilà pourquoi il lui fut accordé d'être juste.
– Parole du Seigneur.

Acclamation de l'Évangile

Gloire et louange à toi, Seigneur Jésus. Heureux les habitants de ta maison, Seigneur : ils pourront te chanter encore ! ***Gloire et louange à toi, Seigneur Jésus.***

Évangile de Jésus Christ

selon saint Matthieu (1, 16. 18-21. 24a)

« Joseph fit ce que l'ange du Seigneur lui avait prescrit »

Jacob engendra Joseph, l'époux de Marie, de laquelle fut engendré Jésus, que l'on appelle Christ.
Or, voici comment fut engendré Jésus Christ : Marie, sa mère, avait été accordée en mariage à Joseph ; avant qu'ils aient habité ensemble, elle fut enceinte par l'action de l'Esprit Saint. Joseph, son époux, qui était un homme juste, et ne voulait pas la dénoncer publiquement, décida de la renvoyer en secret. Comme il

avait formé ce projet, voici que l'ange du Seigneur lui apparut en songe et lui dit : « Joseph, fils de David, ne crains pas de prendre chez toi Marie, ton épouse, puisque l'enfant qui est engendré en elle vient de l'Esprit Saint ; elle enfantera un fils, et tu lui donneras le nom de Jésus (c'est-à-dire : Le-Seigneur-sauve), car c'est lui qui sauvera son peuple de ses péchés. » Quand Joseph se réveilla, il fit ce que l'ange du Seigneur lui avait prescrit.

On peut aussi lire l'évangile selon saint Luc 2, 41-51a.

Profession de foi *(p. 227)*

Prière sur les offrandes

Fais que nous puissions, Seigneur, nous présenter au service de ton autel avec un cœur sans partage, à l'exemple de saint Joseph qui s'est consacré tout entier à servir ton propre Fils né de la Vierge Marie. Lui qui… ***— Amen.***

Prière eucharistique *(Préface de saint Joseph)*

Vraiment, il est juste et bon de te rendre gloire, de t'offrir notre action de grâce, toujours et en tout lieu, à toi Père très saint, Dieu éternel et tout-puissant. En fêtant saint Joseph, c'est toi que nous exaltons, toi que nous bénissons. Car il fut l'homme juste que tu donnas comme époux à la Vierge Marie, la Mère de Dieu ; il fut le serviteur fidèle et prudent à qui tu confias la Sainte Famille ; il veilla comme un père sur ton Fils unique conçu par la puissance du Saint-Esprit, Jésus Christ, notre Seigneur. C'est pourquoi, avec les anges et tous les saints, nous proclamons ta gloire en chantant (disant) : ***Saint ! Saint ! Saint…***

Antienne de la communion

« Bon serviteur, dans les petites
choses tu t'es montré fidèle,
je t'en confierai de plus grandes,
dit le Seigneur ;
entre dans la joie de ton Maître. »
(Mt 25, 21)

Prière après la communion

Par cette nourriture reçue à ton autel, Seigneur, tu as rassasié ta famille, heureuse de fêter saint Joseph ; garde-la toujours sous ta protection et veille sur les dons que tu lui as faits. Par Jésus…
— Amen.

INVITATION

Je confie ma prière à l'intercession de saint Joseph :
pour les pères de famille, pour ceux dont le lien avec leurs enfants est rompu,
pour les parents en attente d'enfant.

COMMENTAIRE

Projet de l'homme… projet de Dieu Matthieu 1, 16. 18-21. 24a

Joseph est un juste aux yeux des hommes. Mais Dieu a un autre projet sur lui et Joseph s'ajuste à la volonté de Dieu qui lui donne un pouvoir, celui de donner un nom à son Fils qui naîtra de Marie et de l'Esprit Saint. Joseph, époux de Marie, que, à ton exemple, je sache vouloir faire la volonté du Père, alors je serai juste. ■

Père Gérard Naslin, *prêtre du diocèse de Nantes*

VENDREDI 20 MARS 2020

3E SEMAINE DE CARÊME COULEUR LITURGIQUE : VIOLET

Temps du Carême, *messe de la férie*

15 - 21

Antienne d'ouverture

Toutes les nations viendront te reconnaître, Seigneur, et rendre gloire à ton nom ; car tu es grand et tu fais des merveilles, toi qui es le seul Dieu. (Ps 85, 9-10)

Prière

Répands ta grâce en nos cœurs, Dieu de bonté : que nous sachions refréner nos désirs terrestres pour mieux entendre ta parole. Par Jésus Christ… **— *Amen.***

Lecture

du livre du prophète Osée (14, 2-10)

« Nous ne dirons plus à l'ouvrage de nos mains : "Tu es notre Dieu" »

Ainsi parle le Seigneur : Reviens, Israël, au Seigneur ton Dieu ; car tu t'es effondré par suite de tes fautes. Revenez au Seigneur en lui présentant ces paroles : « Enlève toutes les fautes, et accepte ce qui est bon. Au lieu de taureaux, nous t'offrons en sacrifice les paroles de nos lèvres. Puisque les Assyriens ne peuvent pas nous sauver, nous ne monterons plus sur des chevaux, et nous ne dirons plus à l'ouvrage de nos mains : "Tu es notre Dieu", car de toi seul l'orphelin reçoit de la tendresse. »
Voici la réponse du Seigneur : Je les guérirai de leur infidélité, je les

aimerai d'un amour gratuit, car ma colère s'est détournée d'Israël. Je serai pour Israël comme la rosée, il fleurira comme le lis, il étendra ses racines comme les arbres du Liban. Ses jeunes pousses vont grandir, sa parure sera comme celle de l'olivier, son parfum, comme celui de la forêt du Liban. Ils reviendront s'asseoir à son ombre, ils feront revivre le froment, ils fleuriront comme la vigne, ils seront renommés comme le vin du Liban. Éphraïm ! Peux-tu me confondre avec les idoles ? C'est moi qui te réponds et qui te regarde. Je suis comme le cyprès toujours vert, c'est moi qui te donne ton fruit.
Qui donc est assez sage pour comprendre ces choses, assez pénétrant pour les saisir ? Oui, les chemins du Seigneur sont droits : les justes y avancent, mais les pécheurs y trébuchent.
– Parole du Seigneur.

Psaume 80 (81)

℟ ***C'est moi, le Seigneur ton Dieu, écoute ma voix.***

J'entends des mots qui m'étaient inconnus :
« J'ai ôté le poids qui chargeait ses épaules ;
ses mains ont déposé le fardeau.
Quand tu criais sous l'oppression,
je t'ai sauvé. ℟

« Je répondais, caché dans l'orage,
je t'éprouvais près des eaux de Mériba.
Écoute, je t'adjure, ô mon peuple ;
vas-tu m'écouter, Israël ? ℟

« Tu n'auras pas chez toi d'autres dieux,
tu ne serviras aucun dieu étranger.
C'est moi, le Seigneur ton Dieu,
qui t'ai fait monter de la terre d'Égypte ! ℟

« Ah ! Si mon peuple m'écoutait,
Israël, s'il allait sur mes chemins !

Je le nourrirais de la fleur du froment,
je le rassasierais avec le miel du rocher ! » ℟

Acclamation de l'Évangile

Ta parole, Seigneur, est vérité, et ta loi, délivrance. Convertissez-vous, dit le Seigneur, car le royaume des Cieux est tout proche. ***Ta parole, Seigneur, est vérité, et ta loi, délivrance.***

Évangile de Jésus Christ

selon saint Marc (12, 28b-34)

« Le Seigneur notre Dieu est l'unique Seigneur : tu l'aimeras »

En ce temps-là, un scribe s'avança vers Jésus pour lui demander : « Quel est le premier de tous les commandements* ? »
Jésus lui fit cette réponse : « Voici le premier : *Écoute, Israël : le Seigneur notre Dieu est l'unique Seigneur. Tu aimeras le Seigneur ton Dieu de tout ton cœur, de toute ton âme, de tout ton esprit et de toute ta force.* Et voici le second : *Tu aimeras ton prochain comme toi-même.* Il n'y a pas de commandement plus grand que ceux-là. » Le scribe reprit : « Fort bien, Maître, tu as dit vrai : Dieu est l'Unique et il n'y en a pas d'autre que lui. L'aimer de tout son cœur, de toute son intelligence, de toute sa force, et aimer son prochain comme soi-même, vaut mieux que toute offrande d'holocaustes et de sacrifices. »
Jésus, voyant qu'il avait fait une remarque judicieuse, lui dit : « Tu n'es pas loin du royaume de Dieu. » Et personne n'osait plus l'interroger.

Prière sur les offrandes

Jette un regard bienveillant, Seigneur, sur les offrandes que nous te consacrons : qu'elles deviennent l'offrande que tu aimes, et qu'elles nous apportent le salut. Par Jésus… — ***Amen.***

Préfaces du Carême, p. 231.

Antienne de la communion

Aimer Dieu de tout son cœur,
et son prochain comme soi-même
vaut mieux que tous les sacrifices.
(cf. Mc 12, 33)

Prière après la communion

Que ta propre énergie, Seigneur, transforme nos esprits et nos corps ; ainsi serons-nous sauvés tout entiers dans cette communion à ton Fils. Lui qui…
— ***Amen.***

INVITATION

Je rends grâce pour les fois où je me suis surpris à aimer mon prochain.

COMMENTAIRE

Sujet, Verbe, compliment — Marc 12, 28b-34

Un mot résume toute la Loi et exprime ce que Dieu attend de nous : « Aime ». Avec deux sujets à aimer : Dieu et son prochain. Voilà l'offrande qui plaît à Dieu et son Royaume est offert à ceux qui aiment ainsi. Seigneur, donne-moi ton Esprit, pour que j'essaie de t'aimer et d'aimer mes frères, car voilà ce qui te plaît. ■

***Père Gérard Naslin,** prêtre du diocèse de Nantes*

✲ CLÉ DE LECTURE

« De tous les commandements » — Marc 12, 28b *(p. 137)*

Ce dialogue entre Jésus et un scribe, présent aussi chez Matthieu et Luc, montre à quel point Jésus a été proche des pharisiens et des docteurs de la Loi. Comme lui, ils cherchaient à ramener à l'unicité les multiples commandements qui entravaient le quotidien. Parmi de nombreux exemples, on trouve la citation d'Habacuc, que Paul rappelle par deux fois : « Le juste vivra par la foi » (cf. Ha 2,4 ; Rm 1, 17 ; Ga 2, 16). Le plus frappant ici est le lien étroit établi entre l'amour du Dieu unique et celui de l'être humain qui nous est proche. Paul ne retiendra que le second commandement, ayant bien compris que, pour Jésus comme pour tous les justes d'Israël, le respect et l'amour de l'autre conduisent à Dieu et l'honorent, car Dieu est l'unique qui aime également tous les humains. ■

***Roselyne Dupont-Roc,** bibliste*

SAMEDI 21 MARS 2020

3^E SEMAINE DE CARÊME COULEUR LITURGIQUE : VIOLET

Temps du Carême, *messe de la férie*

Antienne d'ouverture

Le publicain, se tenant à distance, se frappait la poitrine en priant : « Mon Dieu, prends pitié du pécheur que je suis. » (Lc 18, 13)

Prière

En célébrant avec joie la liturgie de ce Carême, nous te supplions, Seigneur : nous vivons déjà du mystère de Pâques, accorde-nous le bonheur d'en goûter pleinement les fruits. Par Jésus Christ… — ***Amen.***

Lecture

du livre du prophète Osée (6, 1-6)

« Je veux la fidélité, non le sacrifice »

Venez, retournons vers le Seigneur ! il a blessé, mais il nous guérira ; il a frappé, mais il nous soignera. Après deux jours, il nous rendra la vie ; il nous relèvera le troisième jour : alors, nous vivrons devant sa face.

Efforçons-nous de connaître le Seigneur : son lever est aussi sûr que l'aurore ; il nous viendra comme la pluie, l'ondée qui arrose la terre.

– Que ferai-je de toi, Éphraïm ? Que ferai-je de toi, Juda ? Votre fidélité, une brume du matin, une rosée d'aurore qui s'en va. Voilà pourquoi j'ai frappé par mes prophètes, donné la

mort par les paroles de ma bouche : mon jugement jaillit comme la lumière. Je veux la fidélité, non le sacrifice, la connaissance de Dieu plus que les holocaustes.
– Parole du Seigneur.

Psaume 50 (51)

℟ ***Tu veux la fidélité, Seigneur, non le sacrifice.***

Pitié pour moi, mon Dieu, dans ton amour,
selon ta grande miséricorde, efface mon péché.
Lave-moi tout entier de ma faute,
purifie-moi de mon offense. ℟

Si j'offre un sacrifice, tu n'en veux pas,
tu n'acceptes pas d'holocauste.
Le sacrifice qui plaît à Dieu, c'est un esprit brisé ;
tu ne repousses pas, ô mon Dieu,
un cœur brisé et broyé. ℟

Accorde à Sion le bonheur,
relève les murs de Jérusalem.
Alors tu accepteras de justes sacrifices,
oblations et holocaustes sur ton autel. ℟

Acclamation de l'Évangile

Tes paroles, Seigneur, sont esprit et elles sont vie. Aujourd'hui, ne fermez pas votre cœur, mais écoutez la voix du Seigneur. ***Tes paroles, Seigneur, sont esprit et elles sont vie.***

Évangile de Jésus Christ

selon saint Luc (18, 9-14)

« Le publicain était devenu un homme juste, plutôt que l'autre »

En ce temps-là, à l'adresse de certains qui étaient convaincus d'être justes et qui méprisaient les autres, Jésus dit la parabole que voici : « Deux hommes montèrent au Temple pour prier. L'un était pharisien, et l'autre, publicain (c'est-à-dire un collecteur d'impôts). Le pharisien se tenait debout et priait en lui-même : "Mon Dieu, je te rends grâce parce que je ne suis pas comme les autres hommes – ils sont voleurs, injustes, adultères –, ou encore comme ce publicain. Je jeûne deux fois par semaine et je verse le dixième de tout ce que je gagne." Le publicain, lui, se tenait à distance et n'osait même pas lever les yeux vers le ciel ; mais il se frappait la poitrine, en disant : "Mon Dieu, montre-toi favorable au pécheur que je suis !" Je vous le déclare : quand ce dernier redescendit dans sa maison, c'est lui qui était devenu un homme juste, plutôt que l'autre. Qui s'élève sera abaissé ; qui s'abaisse sera élevé. »

Prière sur les offrandes

Dieu qui nous dispenses ta grâce, pour que nous approchions de tes mystères avec un cœur purifié, donne-nous de savoir répondre à ta grâce en confessant que tout nous vient de toi. Par Jésus… ***— Amen.***

Préfaces du Carême, p. 231.

Antienne de la communion

Bénis le Seigneur, ô mon âme,
n'oublie aucun de ses bienfaits,
car il pardonne toutes tes offenses.
(Ps 102, 2-3)

Prière après la communion

Dans ta miséricorde, Seigneur notre Dieu, tu ne cesses de nous combler par tes sacrements : donne-nous de les célébrer toujours avec respect et de les recevoir avec foi. Par Jésus… ***— Amen.***

INVITATION

« Qui s'abaisse sera élevé. » Je me mets à genoux, je me prosterne ou je m'allonge face contre terre deux minutes pour prier.

COMMENTAIRE

De bas en haut

Luc 18, 9-14

Le pharisien de la parabole ne demande rien à Dieu, il prie en lui-même et se complaît à se regarder. Le publicain n'ose pas lever les yeux, il se laisse regarder par Dieu et l'implore en se reconnaissant pécheur, alors Dieu le reconnaît comme juste. Seigneur, relève-moi et donne-moi de porter sur mes frères ton regard d'amour. ■

***Père Gérard Naslin**, prêtre du diocèse de Nantes*

Une prière *de Lise Hudon-Bonin, pour* Prions en Église *Canada*

Seigneur, guéris-nous

Seigneur, tu connais nos peurs, nos doutes,
nos dépendances, nos préjugés envers les autres.
Oui, tu connais les ténèbres qui nous habitent.
Toi seul peux nous guérir de nos aveuglements.
Nous t'en prions : toi qui es lumière du monde,
rends-nous capables de voir en vérité.

Guéris en nous ce qui nous empêche
de nous aimer nous-mêmes et d'aimer les autres.
Fais que nous voyions à travers ta lumière
et voyions les autres avec ton regard
au lieu de les juger selon leur apparence.

Seigneur, nous croyons en toi :
guéris-nous de nos cécités
et nous porterons des fruits
de bonté, de justice et de vérité.

DIMANCHE 22 MARS 2020

4E DIMANCHE DE CARÊME

ANNÉE A COULEUR LITURGIQUE : VIOLET OU ROSE

« Il m'a mis de la boue sur les yeux, je me suis lavé, et je vois. » Jean 9, 15

« Dieu ne regarde pas comme les hommes » : Jésus n'a pas le même regard que les pharisiens. Il voit le cœur de l'homme alors que ces derniers s'arrêtent à l'extérieur. Il est source infinie d'amour et de pardon ; eux s'attachent à une religion du mérite. Elle est grande, notre joie, car le Dieu qui nous aime est plus grand que notre cœur !

OUVERTURE DE LA CÉLÉBRATION

Chant d'entrée *(Suggestions p. 250)*

OU

Antienne d'ouverture

Réjouissez-vous avec Jérusalem, exultez à cause d'elle, vous tous qui l'aimez ! Avec elle, soyez pleins d'allégresse, vous tous qui portiez son deuil ! Ainsi vous serez nourris et rassasiés de l'abondance de sa joie. (Is 66, 10. 11)

Suggestion de préparation pénitentielle *(ou p. 225)*

Comme l'aveugle de naissance, approchons-nous du Seigneur, source du pardon.

Quand nos yeux obscurcis ne trouvent pas le chemin du regard positif, tu es, Seigneur, notre lumière ! Seigneur, prends pitié de nous !

— Seigneur, prends pitié de nous !

Quand nos bouches amères condamnent au lieu de dialoguer, tu es, Seigneur, la parole qui libère ! Ô Christ, prends pitié de nous !

— Ô Christ, prends pitié de nous !

Quand nos intelligences lentes cherchent à se justifier, tu es, Seigneur, le chemin vers la vérité ! Seigneur, prends pitié de nous !

— Seigneur, prends pitié de nous !

Que Dieu tout-puissant nous fasse miséricorde ; qu'il nous pardonne nos péchés et nous conduise à la vie éternelle. ***— Amen.***

Pendant le Carême, on omet le Gloire à Dieu.

Prière

Dieu qui as réconcilié avec toi toute l'humanité en lui donnant ton propre Fils, augmente la foi du peuple chrétien, pour qu'il se hâte avec amour au-devant des fêtes pascales qui approchent. Par Jésus Christ… ***— Amen.***

LITURGIE DE LA PAROLE

Lecture du premier livre de Samuel (16, 1b. 6-7. 10-13a)

David reçoit l'onction comme roi d'Israël

En ces jours-là, le Seigneur dit à Samuel : « Prends une corne que tu rempliras d'huile, et pars ! Je t'envoie auprès de Jessé de Bethléem, car j'ai vu parmi ses fils mon roi. » Lorsqu'ils arrivèrent et que Samuel aperçut Éliab, il se dit : « Sûrement, c'est lui le messie, lui qui recevra l'onction du Seigneur ! » Mais le Seigneur dit à Samuel : « Ne considère pas son apparence ni sa haute taille, car je l'ai écarté. Dieu ne regarde pas comme les hommes : les hommes regardent l'apparence, mais le Seigneur regarde le cœur. » Jessé présenta ainsi à Samuel ses sept fils, et Samuel lui dit : « Le Seigneur n'a choisi aucun de ceux-là. » Alors Samuel dit à Jessé : « N'as-tu pas d'autres garçons ? » Jessé répondit : « Il reste encore le plus jeune, il est en train de garder le

troupeau. » Alors Samuel dit à Jessé : « Envoie-le chercher : nous ne nous mettrons pas à table tant qu'il ne sera pas arrivé. » Jessé le fit donc venir : le garçon était roux, il avait de beaux yeux, il était beau. Le Seigneur dit alors : « Lève-toi, donne-lui l'onction : c'est lui ! » Samuel prit la corne pleine d'huile, et lui donna l'onction au milieu de ses frères. L'Esprit du Seigneur s'empara de David à partir de ce jour-là.
– Parole du Seigneur.

Psaume 22 (23)

℟ ***Le Seigneur est mon berger : rien ne saurait me manquer.***

T. : AELF; M. : M. Wackenheim; ADF.

Le Seigneur est mon berger :
je ne manque de rien.
Sur des prés d'herbe fraîche,
il me fait reposer. ℟

Retrouvez ce psaume sur le CD "Les psaumes de l'année A"

Il me mène vers les eaux tranquilles
et me fait revivre ;
il me conduit par le juste chemin
pour l'honneur de son nom. ℟

Si je traverse les ravins de la mort,
je ne crains aucun mal,
car tu es avec moi :
ton bâton me guide et me rassure. ℟

Tu prépares la table pour moi
devant mes ennemis ;
tu répands le parfum sur ma tête,
ma coupe est débordante. ℟

Grâce et bonheur m'accompagnent
tous les jours de ma vie ;
j'habiterai la maison du Seigneur
pour la durée de mes jours. ℟

Lecture de la lettre de saint Paul apôtre aux Éphésiens (5, 8-14)

« Relève-toi d'entre les morts, et le Christ t'illuminera »

Frères, autrefois, vous étiez ténèbres ; maintenant, dans le Seigneur, vous êtes lumière ; conduisez-vous comme des enfants de lumière – or la lumière a pour fruit tout ce qui est bonté, justice et vérité – et sachez reconnaître ce qui est capable de plaire au

Seigneur. Ne prenez aucune part aux activités des ténèbres, elles ne produisent rien de bon ; démasquez-les plutôt. Ce que ces gens-là font en cachette, on a honte même d'en parler. Mais tout ce qui est démasqué est rendu manifeste par la lumière, et tout ce qui devient manifeste est lumière. C'est pourquoi l'on dit : Réveille-toi, ô toi qui dors, relève-toi d'entre les morts, et le Christ t'illuminera.
– Parole du Seigneur.

Acclamation de l'Évangile

Gloire et louange à toi, Seigneur Jésus ! Moi, je suis la lumière du monde, dit le Seigneur. Celui qui me suit aura la lumière de la vie.
Gloire et louange à toi, Seigneur Jésus !

T. : AELF; M. : P. Robert; Bayard Liturgie.

Évangile de Jésus Christ selon saint Jean (9, 1-41)

Lecture brève : Jn 9, 1. 6-9. 13-17. 34-38

« Il s'en alla et se lava ; quand il revint, il voyait »

En ce temps-là, en sortant du Temple, Jésus vit sur son passage un homme aveugle de naissance.

Interruption de la lecture brève

Ses disciples l'interrogèrent : « Rabbi, qui a péché, lui ou ses parents, pour qu'il soit né aveugle ? » Jésus répondit : « Ni lui, ni ses parents n'ont péché. Mais c'était pour que les œuvres de Dieu se manifestent en lui. Il nous faut travailler aux œuvres de Celui qui m'a envoyé, tant qu'il fait jour ; la nuit vient où personne ne pourra plus y travailler. Aussi longtemps que je suis dans le monde, je suis la lumière du monde. » Cela dit,

Reprise de la lecture brève

il cracha à terre et, avec la salive, il fit de la boue ; puis il appliqua la boue sur les yeux de l'aveugle, et lui dit : « Va te laver à la piscine de Siloé » – ce nom se traduit : Envoyé. L'aveugle y alla donc, et il se lava ; quand il revint, il voyait.

Ses voisins, et ceux qui l'avaient observé auparavant – car il était mendiant – dirent alors : « N'est-ce pas celui qui se tenait là pour mendier ? » Les uns disaient : « C'est lui. » Les autres disaient : « Pas du tout, c'est quelqu'un qui lui ressemble. » Mais lui disait : « C'est bien moi. »

Interruption de la lecture brève

Et on lui demandait : « Alors, comment tes yeux se sont-ils ouverts ? » Il répondit : « L'homme qu'on appelle Jésus a fait de la boue, il me l'a appliquée sur les yeux et il m'a dit : "Va à Siloé et lave-toi." J'y suis donc allé et je me suis lavé ; alors, j'ai vu. » Ils lui dirent : « Et lui, où est-il ? » Il répondit : « Je ne sais pas. »

Reprise de la lecture brève

On l'amène aux pharisiens, lui, l'ancien aveugle. Or, c'était un jour de sabbat que Jésus avait fait de la boue et lui avait ouvert les yeux. À leur tour, les pharisiens lui demandaient comment il pouvait voir. Il leur répondit : « Il m'a mis de la boue sur les yeux, je me suis lavé, et je vois. » Parmi les pharisiens, certains disaient : « Cet homme-là n'est pas de Dieu, puisqu'il n'observe pas le repos du sabbat. » D'autres disaient : « Comment un homme pécheur peut-il accomplir des signes pareils ? » Ainsi donc ils étaient divisés. Alors ils s'adressent de nouveau à l'aveugle : « Et toi, que dis-tu de lui, puisqu'il t'a ouvert les yeux ? » Il dit : « C'est un prophète. »

Interruption de la lecture brève

Or, les Juifs ne voulaient pas croire que cet homme avait été aveugle et que maintenant il pouvait voir. C'est pourquoi ils convoquèrent ses parents et leur demandèrent : « Cet homme est bien votre fils, et vous dites qu'il est né aveugle ? Comment se fait-il qu'à présent il voie ? » Les parents répondirent : « Nous savons bien que c'est notre fils, et qu'il est né aveugle. Mais comment peut-il voir maintenant, nous ne le savons pas ; et qui lui a ouvert les yeux, nous ne le savons pas non plus. Interrogez-le, il est assez grand pour s'expliquer. » Ses parents parlaient ainsi parce qu'ils avaient peur des Juifs. En effet, ceux-ci s'étaient déjà mis d'accord pour exclure de leurs assemblées tous ceux qui déclareraient publiquement que Jésus est le Christ. Voilà pourquoi les parents avaient dit : « Il est assez grand, interrogez-le ! »

Pour la seconde fois, les pharisiens convoquèrent l'homme qui avait été aveugle, et ils lui dirent : « Rends gloire à Dieu ! Nous savons, nous, que cet homme est un pécheur. » Il répondit : « Est-ce un pécheur ? Je n'en sais rien. Mais il y a une chose que je sais : j'étais aveugle, et à présent je vois. » Ils lui dirent alors : « Comment a-t-il fait pour t'ouvrir les yeux ? » Il leur répondit : « Je vous l'ai déjà dit, et vous n'avez pas écouté. Pourquoi voulez-vous m'entendre encore une fois ? Serait-ce que vous voulez, vous aussi, devenir ses disciples ? » Ils se mirent à l'injurier : « C'est toi qui es son disciple ; nous, c'est de Moïse que nous sommes les disciples. Nous savons que Dieu a parlé à Moïse ; mais celui-là, nous ne savons pas d'où il est. » L'homme leur répondit : « Voilà bien ce qui est étonnant ! Vous ne savez pas d'où il est, et pourtant il m'a ouvert les yeux. Dieu, nous le savons, n'exauce pas les pécheurs, mais si quelqu'un l'honore et fait sa volonté, il l'exauce. Jamais encore on n'avait entendu dire que quelqu'un ait ouvert les yeux à un aveugle de naissance. Si lui n'était pas de Dieu, il ne pourrait rien faire. »

Reprise de la lecture brève

Ils répliquèrent : « Tu es tout entier dans le péché depuis ta naissance, et tu nous fais la leçon ? » Et ils le jetèrent dehors.
Jésus apprit qu'ils l'avaient jeté dehors. Il le retrouva et lui dit : « Crois-tu au Fils de l'homme ? » Il répondit : « Et qui est-il, Seigneur, pour que je croie en lui ? » Jésus lui dit : « Tu le vois, et c'est lui qui te parle. » Il dit : « Je crois, Seigneur ! » Et il se prosterna devant lui.

Fin de la lecture brève

Jésus dit alors : « Je suis venu en ce monde pour rendre un jugement : que ceux qui ne voient pas puissent voir, et que ceux qui voient deviennent aveugles. » Parmi les pharisiens, ceux qui étaient avec lui entendirent ces paroles et lui dirent : « Serions-nous aveugles, nous aussi ? » Jésus leur répondit : « Si vous étiez aveugles, vous n'auriez pas de péché ; mais du moment que vous dites : "Nous voyons !", votre péché demeure. »

Homélie

Profession de foi *(p. 227)*

Suggestion de prière universelle

Le prêtre :

Puisque les hommes ne manquent de rien lorsque le Seigneur marche auprès d'eux, présentons nos prières à Dieu notre Père.

℟ ***Sûrs de ton amour et forts de notre foi, Seigneur, nous te prions.***

T. et M. : anonyme ;Bayard Liturgie.

Le diacre ou un lecteur :

Avec le pape François, nous te prions, Seigneur, pour les catholiques de Chine : qu'ils demeurent fidèles à ton Évangile et unis à ton Église. ℟

Nous te confions, Seigneur, les personnes malades ou handicapées : qu'elles trouvent en toi la source de leur force et de leur paix. ℟

Nous te présentons, Seigneur, tous nos contemporains, souvent attirés par l'apparence et la réussite matérielle : qu'ils trouvent le chemin vers toi. ℟

Nous te rendons grâce, Seigneur, et nous te prions pour toutes celles et ceux qui aident leurs frères et sœurs en difficulté : donne-leur joie et courage dans leurs engagements. ℟

(Ces intentions seront adaptées ou modifiées selon les circonstances.)

Le prêtre :

Seigneur, dans ton amour fidèle, exauce nos prières. Nous te le demandons par Jésus, le Christ, notre Seigneur. ***— Amen.***

LITURGIE EUCHARISTIQUE

Prière sur les offrandes

Seigneur, nous te présentons dans la joie le sacrifice qui sauve notre vie ; et nous te prions humblement : accorde-nous de le célébrer avec respect et de savoir l'offrir pour le salut du monde. Par Jésus…

— Amen.

Prière eucharistique *(Préface du 4e dimanche de Carême, année A)*

Vraiment, il est juste et bon de te rendre gloire, de t'offrir notre action de grâce, toujours et en tout lieu, à toi, Père très saint, Dieu éternel et tout-puissant, par le Christ, notre Seigneur. En prenant la condition humaine, il a guidé vers la lumière de la foi l'humanité qui s'en allait dans les ténèbres ; et par le bain qui fait renaître, il a donné aux hommes, nés dans le péché, de devenir vraiment fils de Dieu. Voilà pourquoi le ciel et la terre t'adorent ; ils te chantent leur hymne toujours nouvelle, et nous-mêmes, unissant notre voix à celle des anges, nous t'acclamons : ***Saint ! Saint ! Saint...***

Chant de communion *(Suggestions p. 250)*

OU

Antienne de la communion

Le Seigneur a mis de la boue sur mes yeux,
je me suis lavé, et maintenant je vois, et je crois.
(cf. Jn 9, 11)

Prière après la communion

Dieu qui éclaires tout homme venant dans ce monde, illumine nos cœurs par la clarté de ta grâce : afin que toutes nos pensées soient dignes de toi, et notre amour, de plus en plus sincère. Par Jésus...
— Amen.

CONCLUSION DE LA CÉLÉBRATION

Bénédiction

Envoi

COMMENTAIRE DU DIMANCHE

Père Pierre-Yves Pecqueux, eudiste

Éblouissante vérité

Feuilleton à rebondissement, procès à charge et rejet de l'engagement. Voilà un texte qui ne laisse pas insensible et montre une comédie humaine qui peut être toujours d'actualité. Les faits sont là mais personne ne veut porter de responsabilité et s'engager. Le rejet sur l'autre, et dans ce cas précis sur celui qui est guéri, exprime avant tout la peur, celle de s'affirmer et de prendre ses responsabilités, celle d'oser se positionner face à l'autorité, ici les scribes et les pharisiens. Pourtant, la guérison est effective et incontestable mais la reconnaître, c'est reconnaître que l'action de Jésus a pouvoir sur le sabbat. Tous les arguments sont bons pour s'opposer à l'acte de foi en l'action salvatrice de Jésus ! Les règles étouffent toute liberté et poussent à refuser tout changement.

Et pourtant retrouver la vue, ce n'est pas rien. Cela change la vie de celui qui en est bénéficiaire mais aussi de son entourage. Les attitudes rencontrées par l'ex-aveugle et son environnement montrent combien il est difficile de reconnaître la guérison comme une nouvelle naissance. La stratégie des pharisiens n'est pas de refuser le miracle mais de pousser les parents comme l'ex-aveugle à dire qu'il n'y a pas eu de miracle !
Pour rendre compte de l'événement, l'évangéliste s'interroge et interroge, avec Jésus, la démarche de vérité qui habite les différents protagonistes : reconnais-tu les faits ? reconnais-tu le don de Dieu et son auteur ? Crois-tu au Fils de l'homme ? La réponse est éblouissante et elle rejoint la lumière dont parle saint Paul dans sa lettre aux Éphésiens. Puissions-nous trouver la lumière et témoigner de l'illumination du Christ dans nos vies à la façon de l'aveugle-né ! Laissons-nous interroger ! Osons nous engager ! ■

> « Puissions-nous témoigner de l'illumination du Christ. »

Prions en Église Junior

LIRE L'ÉVANGILE AVEC LES ENFANTS

CE QUE JE DÉCOUVRE

L'aveugle de naissance fait confiance à Jésus, il fait ce qu'il lui demande : se laver à la piscine. En retour, Jésus lui ouvre les yeux… et l'aveugle voit pour la première fois. **Mais pour Jésus, il faut bien voir, non seulement avec les yeux, mais aussi avec le cœur.** Pour cela il faut enlever ce qui nous empêche de voir Dieu. Regarder avec ton cœur te permet de voir que Dieu est présent dans ta vie, de voir tout ce qu'il fait pour toi : « Je crois, Seigneur ! »

CE QUE JE VIS

Qu'as-tu vu de beau aujourd'hui ?
Te rappelles-tu la dernière fois où tu as demandé pardon à Jésus ?
Avant de prier, rince tes yeux avec de l'eau.
Remercie Jésus pour toutes les belles choses.

Texte : Père Cédric Kuntz. Illustrations : Marcelino Truong

MÉDITATION BIBLIQUE

4E DIMANCHE DE CARÊME

Évangile selon saint Jean 9, 1-41

Jésus, lumière du monde

Dans l'Église ancienne, le baptême, traditionnellement célébré lors de la vigile pascale, était compris comme une illumination. Celle-ci nous fait passer des ténèbres à la lumière et nous permet d'accéder au monde de Dieu.

Le temps de la préparation

« Ta parole est la lumière de mes pas, la lampe de ma route » Ps 118 (119), 105.

Le temps de l'observation

Jésus crée de l'inédit. Sa parole fait brèche dans les déterminismes qui nous rivent à l'immobilisme d'une existence subie et non pleinement vécue. Et, manifestement, c'est pour cela qu'il dérange. Dans ce récit aux personnages multiples, l'aveugle de naissance peut symboliser notre commune cécité, mais une cécité consciente d'elle-même. Cet homme n'a rien à perdre et tout à gagner de l'intervention de Jésus. Chaque parole du Christ va le conduire plus avant, jusqu'à une ultime confession de foi qui s'épanouit en une adoration silencieuse : « Et il se prosterna devant ...

… lui. » Quant aux autorités religieuses, qui servent souvent de « repoussoir » dans l'évangile de Jean, elles figurent notre tendance tout aussi commune à nous croire clairvoyants et à refuser ce qui pourrait mettre en péril nos acquis : bonne image de soi, privilèges religieux ou sociaux…

Le temps de la méditation

En chemin vers le renouvellement des promesses de notre baptême, ce récit de guérison nous interroge. Si le don de l'illumination est gratuit, comment y répondons-nous ? Prenons-nous la « voie de la lumière », comme le dit l'épître de Barnabé (Ier-IIe s.), en aimant celui qui nous a créés, en glorifiant celui qui nous a rachetés de la mort, en accueillant comme des bienfaits tous les événements de notre existence, en aimant notre prochain plus que notre vie, en partageant tout avec lui… *(Lectures chrétiennes pour notre temps,* Orval) ? D'ailleurs, où en sommes-nous de notre foi en Jésus Christ ? Sommes-nous disponibles à sa parole, vraie et efficace, qui nous ouvre des horizons nouveaux avec leurs exigences spécifiques ? Sommes-nous prêts à nous tenir dans ce que certains spirituels appellent notre « néant » – c'est-à-dire la conscience de notre faiblesse qui nous fait aspirer à la lumière –, et dans la certitude que Dieu a pour projet de nous faire participer à sa lumière ?

Le temps de la prière

« Envoie ta lumière et ta vérité : qu'elles guident mes pas et me conduisent à ta montagne sainte, jusqu'en ta demeure » Ps 42 (43), 3. ■

Sœur Emmanuelle Billoteau,
ermite

LUNDI 23 MARS 2020

4ᴱ SEMAINE DE CARÊME COULEUR LITURGIQUE : VIOLET

Temps du Carême, *messe de la férie*
(Saint Turibio de Mogrovejo)

Antienne d'ouverture

Je compte sur toi, Seigneur,
tu vois ma misère et tu sais ma détresse,
j'exulte et me réjouis dans ton amour.
(Ps 30, 7-8)

Prière

Dieu qui renouvelles ce monde au moyen de tes sacrements, fais que ton Église progresse par ces biens du ciel et ne manque jamais de tes secours ici-bas. Par Jésus Christ… ***— Amen.***

Lecture

du livre du prophète Isaïe (65, 17-21)

« On n'y entendra plus de pleurs ni de cris »

Ainsi parle le Seigneur : Oui, voici : je vais créer un ciel nouveau et une terre nouvelle, on ne se souviendra plus du passé, il ne reviendra plus à l'esprit. Soyez plutôt dans la joie, exultez sans fin pour ce que je crée. Car je vais recréer Jérusalem, pour qu'elle soit exultation, et que son peuple devienne joie. J'exulterai en Jérusalem, je trouverai ma joie dans mon peuple. On n'y entendra plus de pleurs ni de cris. Là, plus de

nourrisson emporté en quelques jours, ni d'homme qui ne parvienne au bout de sa vieillesse ; le plus jeune mourra centenaire, ne pas atteindre cent ans sera malédiction. On bâtira des maisons, on y habitera ; on plantera des vignes, on mangera leurs fruits.
– Parole du Seigneur.

Psaume 29 (30)

℟ ***Je t'exalte, Seigneur : tu m'as relevé.***

Je t'exalte, Seigneur : tu m'as relevé.
Quand j'ai crié vers toi, Seigneur.
Seigneur, tu m'as fait remonter de l'abîme
et revivre quand je descendais à la fosse. ℟

Fêtez le Seigneur, vous, ses fidèles,
rendez grâce en rappelant son nom très saint.
Sa colère ne dure qu'un instant,
sa bonté, toute la vie ;
avec le soir, viennent les larmes,
mais au matin, les cris de joie. ℟

Et j'ai crié vers toi, Seigneur,
j'ai supplié mon Dieu.
Tu as changé mon deuil en une danse.
Que sans fin, Seigneur, mon Dieu,
je te rende grâce ! ℟

Acclamation de l'Évangile

Ta parole, Seigneur, est vérité, et ta loi, délivrance. Cherchez le bien, non le mal, afin de vivre. Ainsi le Seigneur sera avec vous. ***Ta parole, Seigneur, est vérité, et ta loi, délivrance.***

Évangile de Jésus Christ

selon saint Jean (4, 43-54)

« Va, ton fils est vivant »

En ce temps-là, après avoir passé deux jours chez les Samaritains, Jésus partit de là pour la Galilée. – Lui-même avait témoigné qu'un prophète n'est pas considéré dans son propre pays. Il arriva donc en Galilée ; les Galiléens lui firent bon accueil, car ils avaient vu tout ce qu'il avait fait à Jérusalem pendant la fête de la Pâque, puisqu'ils étaient allés eux aussi à cette fête. Ainsi donc Jésus revint à Cana de Galilée, où il avait changé l'eau en vin. Or, il y avait un fonctionnaire royal, dont le fils était malade à Capharnaüm. Ayant appris que Jésus arrivait de Judée en Galilée, il alla le trouver ; il lui demandait de descendre à Capharnaüm pour guérir son fils qui était mourant. Jésus lui dit : « Si vous ne voyez pas de signes* et de prodiges, vous ne croirez donc pas ! » Le fonctionnaire royal lui dit : « Seigneur, descends, avant que mon enfant ne meure ! » Jésus lui répond : « Va, ton fils est vivant. » L'homme crut à la parole que Jésus lui avait dite et il partit.

Pendant qu'il descendait, ses serviteurs arrivèrent à sa rencontre et lui dirent que son enfant était vivant. Il voulut savoir à quelle heure il s'était trouvé mieux. Ils lui dirent : « C'est hier, à la septième heure (au début de l'après-midi), que la fièvre l'a quitté. » Le père se rendit compte que c'était justement l'heure où Jésus lui avait dit : « Ton fils est vivant. » Alors il crut, lui, ainsi que tous les gens de sa maison.

Tel fut le second signe que Jésus accomplit lorsqu'il revint de Judée en Galilée.

Prière sur les offrandes

De l'offrande qui t'est consacrée, Seigneur, nous attendons des fruits de salut : débarrasse-nous de tout ce qui doit mourir, renouvelle-nous constamment de ta propre vie. Par Jésus… — ***Amen.***

Préfaces du Carême, p. 231.

Antienne de la communion

Parole du Seigneur :
« Je mettrai en vous mon Esprit,
alors vous suivrez mes lois,
vous observerez
mes commandements
et vous y serez fidèles. » (Ez 36, 27)

Prière après la communion

Que cette communion, Seigneur, répare nos forces et nous fasse revivre ; qu'elle nous sanctifie et nous conduise aux biens éternels. Par Jésus…
— ***Amen.***

INVITATION *proposée avec le CCFD-Terre solidaire*

Nous aimerions tant voir des signes et des prodiges venir d'en haut. Comment, aujourd'hui, puis-je prendre soin de la maison commune et goûter les signes des temps ?

COMMENTAIRE

Passé, présent et avenir

Isaïe 65, 17-21

Isaïe nous parle de l'émergence d'un monde nouveau. Et c'est bien à l'accueillir que nous prépare le Carême, tout orienté vers l'événement pascal. Entre le déjà-là de notre salut et l'attente de son plein accomplissement, il nous appartient de devenir « d'autres christs », de laisser la lumière divine éclairer et apaiser notre passé personnel et collectif, aussi lourd soit-il, pour accueillir l'aujourd'hui de Dieu, ses dons et ses promesses. ■

Sœur Emmanuelle Billoteau, ermite

✤ CLÉ DE LECTURE

« De signes »

Jean 4, 48 *(p. 165)*

Ce que nous appelons à tort « miracles » est désigné dans l'évangile de Jean comme « signes ». Jésus se lamente du manque de foi de ses interlocuteurs qui réclament « des signes pour croire ». Paul ne dira pas autre chose : « les Juifs demandent des signes, les Grecs recherchent une sagesse » (cf. 1 Co 1, 22). Nous voulons des preuves tangibles – c'est, en grec, l'un des sens du mot « foi » (« pistis ») dans l'ordre de la rhétorique. Mais même alors, il n'est pas question de fournir des garanties objectives, mais bien d'emporter la conviction, de gagner la confiance pour qu'on puisse se fier à la parole dite. Jésus sait bien que l'être humain a besoin de « preuves », mais lui n'en demandera aucune et s'en remettra, sans autre, entre les mains du Père ! ■

Roselyne Dupont-Roc, bibliste

MARDI 24 MARS 2020

4E SEMAINE DE CARÊME COULEUR LITURGIQUE : VIOLET

Temps du Carême, *messe de la férie*

Antienne d'ouverture

« Vous tous qui avez soif, venez, voici de l'eau ! dit le Seigneur ; même si vous n'avez pas d'argent, venez et buvez avec joie. » (cf. Is 55, 1)

Prière

Donne à tes fidèles, Seigneur, en ce temps de pénitence, une vraie générosité à te servir : qu'ils se disposent ainsi à recevoir dans un cœur purifié l'annonce du mystère pascal, et à transmettre au monde la joyeuse nouvelle du salut. Par Jésus Christ… — ***Amen.***

Lecture

du livre du prophète Ézékiel (47, 1-9. 12)

J'ai vu l'eau qui jaillissait du Temple : tous ceux qu'elle touchait furent sauvés

En ces jours-là, au cours d'une vision reçue du Seigneur, l'homme me fit revenir à l'entrée de la Maison, et voici : sous le seuil de la Maison, de l'eau jaillissait vers l'orient, puisque la façade de la Maison était du côté de l'orient. L'eau descendait de dessous le côté droit de la Maison, au sud de l'autel. L'homme me fit sortir par la porte du

nord et me fit faire le tour par l'extérieur, jusqu'à la porte qui fait face à l'orient, et là encore l'eau coulait du côté droit. L'homme s'éloigna vers l'orient, un cordeau à la main, et il mesura une distance de mille coudées; alors il me fit traverser l'eau : j'en avais jusqu'aux chevilles. Il mesura encore mille coudées et me fit traverser l'eau : j'en avais jusqu'aux genoux. Il mesura encore mille coudées et me fit traverser : j'en avais jusqu'aux reins. Il en mesura encore mille : c'était un torrent que je ne pouvais traverser; l'eau avait grossi, il aurait fallu nager : c'était un torrent infranchissable. Alors il me dit : « As-tu vu, fils d'homme ? » Puis il me ramena au bord du torrent. Quand il m'eut ramené, voici qu'il y avait au bord du torrent, de chaque côté, des arbres en grand nombre. Il me dit : « Cette eau coule vers la région de l'orient, elle descend dans la vallée du Jourdain, et se déverse dans la mer Morte, dont elle assainit les eaux. En tout lieu où parviendra le torrent, tous les animaux pourront vivre et foisonner. Le poisson sera très abondant, car cette eau assainit tout ce qu'elle pénètre, et la vie apparaît en tout lieu où arrive le torrent. Au bord du torrent, sur les deux rives, toutes sortes d'arbres fruitiers pousseront; leur feuillage ne se flétrira pas et leurs fruits ne manqueront pas. Chaque mois ils porteront des fruits nouveaux, car cette eau vient du sanctuaire. Les fruits seront une nourriture, et les feuilles un remède. »

– Parole du Seigneur.

Psaume 45 (46)

℟ ***Il est avec nous, le Dieu de l'univers ; citadelle pour nous, le Dieu de Jacob !***

Dieu est pour nous refuge et force,
secours dans la détresse, toujours offert.
Nous serons sans crainte
si la terre est secouée,
si les montagnes s'effondrent
au creux de la mer. ℟

Le Fleuve, ses bras réjouissent la ville de Dieu,
la plus sainte des demeures du Très-Haut.
Dieu s'y tient : elle est inébranlable ;
quand renaît le matin,
Dieu la secourt. ℟

Il est avec nous, le Seigneur de l'univers ;
citadelle pour nous, le Dieu de Jacob !
Venez et voyez les actes du Seigneur,
il détruit la guerre
jusqu'au bout du monde. ℟

Acclamation de l'Évangile

Gloire et louange à toi, Seigneur Jésus ! Crée en moi un cœur pur, ô mon Dieu ; rends-moi la joie d'être sauvé. ***Gloire et louange à toi, Seigneur Jésus !***

Évangile de Jésus Christ

selon saint Jean (5, 1-16)

« Aussitôt l'homme fut guéri »

À l'occasion d'une fête juive, Jésus monta à Jérusalem. Or, à Jérusalem, près de la porte des Brebis, il existe une piscine qu'on appelle en hébreu Bethzatha. Elle a cinq colonnades, sous lesquelles étaient couchés une foule de malades, aveugles, boiteux et impotents. Il y avait là

un homme qui était malade depuis trente-huit ans. Jésus, le voyant couché là, et apprenant qu'il était dans cet état depuis longtemps, lui dit : « Veux-tu être guéri ? » Le malade lui répondit : « Seigneur, je n'ai personne pour me plonger dans la piscine au moment où l'eau bouillonne ; et pendant que j'y vais, un autre descend avant moi. » Jésus lui dit : « Lève-toi, prends ton brancard, et marche. » Et aussitôt l'homme fut guéri. Il prit son brancard : il marchait ! Or, ce jour-là était un jour de sabbat. Les Juifs dirent donc à cet homme que Jésus avait remis sur pied : « C'est le sabbat ! Il ne t'est pas permis de porter ton brancard. » Il leur répliqua : « Celui qui m'a guéri, c'est lui qui m'a dit : "Prends ton brancard, et marche !" » Ils l'interrogèrent : « Quel est l'homme qui t'a dit : "Prends ton brancard, et marche" ? » Mais celui qui avait été rétabli ne savait pas qui c'était ; en effet, Jésus s'était éloigné, car il y avait foule à cet endroit.

Plus tard, Jésus le retrouve dans le Temple et lui dit : « Te voilà guéri. Ne pèche plus, il pourrait t'arriver quelque chose de pire. » L'homme partit annoncer aux Juifs que c'était Jésus qui l'avait guéri. Et ceux-ci persécutaient Jésus parce qu'il avait fait cela le jour du sabbat.

Prière sur les offrandes

Nous te présentons, Seigneur, des biens que toi-même nous as donnés : qu'ils te disent notre reconnaissance devant tout ce que ta création nous propose pour assurer notre vie sur la terre ; qu'ils deviennent aussi le remède qui nous guérira et nous fera vivre éternellement. Par Jésus… **— *Amen.***

Préfaces du Carême, p. 231.

Antienne de la communion

Mon berger, c'est le Seigneur :
je ne manque de rien ;
sur de frais pâturages, il me laisse reposer. Il me mène auprès des eaux tranquilles et me fait revivre.
(Ps 22, 1-2)

Prière après la communion

Purifie nos esprits, Seigneur : que tes mystères les renouvellent ; fais que même nos corps y trouvent des forces pour aujourd'hui et pour l'éternité. Par Jésus…

— Amen.

INVITATION *proposée avec le CCFD-Terre solidaire*

Dans certains lieux, l'eau manque. Je me renseigne sur une association qui œuvre pour l'accès à l'eau potable.

COMMENTAIRE

L'eau jaillissant de vie Ézékiel 47, 1-9. 12

Ézékiel nous renvoie au mystère de la Croix et au cœur transpercé du Christ dont ont coulé l'eau et le sang (Jn 19, 34). Il nous parle également de nous-mêmes qui sommes les temples de Dieu, habités par l'Esprit. À nous de trouver ou retrouver la source cachée d'où jaillissent en nous les fleuves d'eau vive (Jn 7, 38) ! Car nous portons une fécondité et des forces de guérison intérieures souvent insoupçonnées. Alors, veillons sur notre cœur car « de lui jaillit la vie » (Pr 4, 23). ■

***Sœur Emmanuelle Billoteau**, ermite*

MERCREDI 25 MARS 2020

4E SEMAINE DE CARÊME COULEUR LITURGIQUE : BLANC

Annonciation du Seigneur

Antienne d'ouverture

Le Christ, en entrant dans le monde, dit :
« Me voici, mon Dieu ; je viens pour faire ta volonté. » (He 10, 5. 7)

Gloire à Dieu *(p. 226)*

Prière

Seigneur, tu as voulu que ton Verbe prît chair dans le sein de la Vierge Marie ; puisque nous reconnaissons en lui notre Rédempteur, à la fois homme et Dieu, accorde-nous d'être participants de sa nature divine. Lui qui… – ***Amen.***

Lectures propres à la solennité de l'Annonciation du Seigneur.

Lecture

du livre du prophète Isaïe (7, 10-14 ; 8, 10)

« Voici que la vierge concevra »

En ces jours-là, le Seigneur parla ainsi au roi Acaz : « Demande pour toi un signe de la part du Seigneur ton Dieu, au fond du séjour des morts ou sur les sommets, là-haut. » Acaz répondit : « Non, je n'en demanderai pas, je ne mettrai pas le Seigneur à l'épreuve. » Isaïe dit alors : « Écoutez, maison de David ! Il ne vous suffit donc pas de

22 - 28

fatiguer les hommes : il faut encore que vous fatiguiez mon Dieu ! C'est pourquoi le Seigneur lui-même vous donnera un signe : Voici que la vierge est enceinte, elle enfantera un fils, qu'elle appellera Emmanuel, car Dieu est avec nous. »
– Parole du Seigneur.

Psaume 39 (40)

℟ ***Me voici, Seigneur, je viens faire ta volonté.***

Tu ne voulais ni offrande ni sacrifice,
tu as ouvert mes oreilles ;
tu ne demandais ni holocauste ni victime,
alors j'ai dit : « Voici, je viens. ℟

« Dans le livre, est écrit pour moi
ce que tu veux que je fasse.
Mon Dieu, voilà ce que j'aime :
ta loi me tient aux entrailles. » ℟

J'annonce la justice
dans la grande assemblée ;
vois, je ne retiens pas mes lèvres,
Seigneur, tu le sais. ℟

Je n'ai pas enfoui ta justice au fond de mon cœur,
je n'ai pas caché ta fidélité, ton salut ;
j'ai dit ton amour et ta vérité
à la grande assemblée. ℟

Lecture

de la lettre aux Hébreux (10, 4-10)

« Me voici, je suis venu, mon Dieu, pour faire ta volonté, ainsi qu'il est écrit de moi dans le Livre »

Frères, il est impossible que du sang de taureaux et de boucs enlève les péchés. Aussi, en entrant dans le monde, le Christ dit : *Tu n'as*

voulu ni sacrifice ni offrande, mais tu m'as formé un corps. Tu n'as pas agréé les holocaustes ni les sacrifices pour le péché ; alors, j'ai dit : Me voici, je suis venu, mon Dieu, pour faire ta volonté, ainsi qu'il est écrit de moi dans le Livre.* Le Christ commence donc par dire : *Tu n'as pas voulu ni agréé les sacrifices et les offrandes, les holocaustes et les sacrifices pour le péché,* ceux que la Loi prescrit d'offrir. Puis il déclare : *Me voici, je suis venu pour faire ta volonté.*
Ainsi, il supprime le premier état de choses pour établir le second. Et c'est grâce à cette volonté que nous sommes sanctifiés, par l'offrande que Jésus Christ a faite de son corps, une fois pour toutes.
– Parole du Seigneur.

Acclamation de l'Évangile

Gloire et louange à toi, Seigneur Jésus. Le Verbe s'est fait chair, il a habité parmi nous et nous avons vu sa gloire. ***Gloire et louange à toi, Seigneur Jésus.***

Évangile de Jésus Christ

selon saint Luc (1, 26-38)

« Voici que tu vas concevoir et enfanter un fils »

En ce temps-là, l'ange Gabriel fut envoyé par Dieu dans une ville de Galilée, appelée Nazareth, à une jeune fille vierge, accordée en mariage à un homme de la maison de David, appelé Joseph ; et le nom de la jeune fille était Marie. L'ange entra chez elle et dit : « Je te salue, Comblée-de-grâce, le Seigneur est avec toi. » À cette parole, elle fut toute bouleversée, et elle se demandait ce que pouvait signifier cette salutation. L'ange lui dit alors : « Sois sans crainte, Marie, car tu as trouvé grâce auprès de Dieu. Voici que tu vas concevoir et enfanter un fils ; tu lui donneras le nom de Jésus. Il sera grand, il sera appelé Fils du Très-Haut ; le Seigneur Dieu lui donnera le trône de David son père ; il régnera pour toujours sur la maison de Jacob, et son règne n'aura pas de fin. » Marie dit à l'ange : « Comment cela va-t-il se faire, puisque je ne connais pas d'homme ? » L'ange lui répondit : « L'Esprit Saint viendra sur toi, et la puissance du Très-Haut te prendra sous son ombre ; c'est pourquoi celui qui va naître sera saint, il sera appelé Fils de Dieu. Or voici que, dans sa vieillesse, Élisabeth, ta parente, a conçu, elle aussi, un fils et en est à son sixième mois, alors qu'on l'appelait la femme stérile. Car rien n'est impossible à Dieu. » Marie dit alors : « Voici la servante du Seigneur ; que tout m'advienne selon ta parole. » Alors l'ange la quitta.

Profession de foi *(p. 227)*

Prière sur les offrandes

Daigne accepter, Dieu tout-puissant, les dons offerts par ton Église : elle n'oublie pas qu'elle a commencé le jour où ton Verbe s'est fait chair ; accorde-nous, en cette fête de l'Annonciation, de célébrer avec joie les mystères du Christ. Lui qui… ***— Amen.***

Prière eucharistique

(Préface de l'Annonciation)

Vraiment, il est juste et bon de te rendre gloire, de t'offrir notre action de grâce, toujours et en tout lieu, à toi, Père très saint, Dieu éternel et tout-puissant, par le Christ notre Seigneur. C'est lui qui pour sauver les hommes devait naître parmi les hommes ; c'est lui que l'ange annonce à la Vierge Immaculée et qu'à l'ombre de l'Esprit Saint elle accueille par la foi ; lui qu'elle porte avec tendresse dans sa chair. Il venait accomplir les promesses faites à Israël, combler, et même dépasser, l'espérance des nations. C'est par lui que les Anges assemblés devant toi adorent ta gloire ; à leur hymne de louange laisse-nous joindre nos voix pour chanter et proclamer : ***Saint ! Saint ! Saint…***

Antienne de la communion

Voici que la Vierge concevra,
et elle enfantera un fils,
et on lui donnera pour nom
Emmanuel, ce qui veut dire :
« Dieu-avec-nous ». (cf. Is 7, 14)

Prière après la communion

Par cette communion, Seigneur, fortifie en nos cœurs la vraie foi, afin qu'ayant proclamé le fils de la Vierge vrai Dieu et vrai homme, nous parvenions au salut et à la joie éternelle par la puissance de sa résurrection. Lui qui… ***— Amen.***

INVITATION *proposée avec le CCFD-Terre solidaire*

En ce jour de l'Annonciation, comment puis-je annoncer la justice sociale et climatique auprès des miens ?

COMMENTAIRE

Enfants libres ! Luc 1, 26-38

S'il est une fête porteuse d'espérance et de joie, c'est bien l'Annonciation. Encore nous faut-il accueillir le message de l'Ange avec la même confiance et la même simplicité de cœur que Marie. En Jésus Christ, Dieu veut nous combler de grâces, nous faire sortir des esclavages qui nous rivent à la tristesse, à la vanité, à la colère, au conformisme pour nous faire entrer dans la liberté des enfants de Dieu, sans laquelle nos capacités d'aimer et de créer s'étiolent. ■

Sœur Emmanuelle Billoteau, *ermite*

✻ CLÉ DE LECTURE

« Tu m'as formé un corps » Hébreux 10, 5 *(p. 175)*

Parce qu'ils lisaient la Septante, traduction grecque des Écritures juives, les chrétiens ont trouvé dans l'oracle d'Isaïe 7 l'annonce de la naissance virginale (le grec traduisant « la jeune reine » de l'hébreu par « parthenos », « la jeune fille »). Ils pouvaient ainsi affirmer l'événement inouï d'une filiation divine totalement accueillie dans une naissance humaine. La lettre aux Hébreux, elle, s'appuie sur le psaume 40, pour mettre dans la bouche de Jésus la même acceptation de dépendre totalement d'un autre et d'accueillir en lui sa volonté de pardon : « Tu m'as formé un corps [...]. Voici je viens, mon Dieu, pour faire ta volonté. » En Jésus se révèle une humanité entièrement habitée par l'amour de Dieu, un Dieu qui prend entièrement l'humain en charge. ■

Roselyne Dupont-Roc, *bibliste*

Temps du Carême, *messe de la férie*

Antienne d'ouverture

Soyez dans la joie, vous qui cherchez Dieu.
Cherchez le Seigneur et sa force, sans vous lasser,
recherchez son visage. (Ps 104, 3-4)

Prière

Nous t'adressons, Seigneur, cette humble prière : que tes serviteurs se purifient dans la pénitence et s'appliquent à faire ce qui est bon ; donne-leur de rester dociles à ta volonté et d'arriver sans encombre aux fêtes de Pâques. Par Jésus Christ… ***— Amen.***

Lecture

du livre de l'Exode (32, 7-14)

« Renonce au mal que tu veux faire à ton peuple »

En ces jours-là, le Seigneur parla à Moïse : « Va, descends, car ton peuple s'est corrompu, lui que tu as fait monter du pays d'Égypte. Ils n'auront pas mis longtemps à s'écarter du chemin que je leur avais ordonné de suivre ! Ils se sont fait un veau en métal fondu et se sont prosternés devant lui. Ils lui ont offert des sacrifices en proclamant : "Israël, voici tes dieux, qui t'ont fait monter du pays d'Égypte." »

Le Seigneur dit encore à Moïse : « Je vois que ce peuple est un peuple à la nuque raide. Maintenant, laisse-moi faire ; ma colère va s'enflammer contre eux et je vais les exterminer ! Mais, de toi, je ferai une grande nation. »
Moïse apaisa le visage du Seigneur son Dieu en disant : « Pourquoi, Seigneur, ta colère s'enflammerait-elle contre ton peuple, que tu as fait sortir du pays d'Égypte par ta grande force et ta main puissante ? Pourquoi donner aux Égyptiens l'occasion de dire : "C'est par méchanceté qu'il les a fait sortir ; il voulait les tuer dans les montagnes et les exterminer à la surface de la terre" ? Reviens de l'ardeur de ta colère, renonce au mal que tu veux faire à ton peuple. Souviens-toi de tes serviteurs, Abraham, Isaac et Israël, à qui tu as juré par toi-même : "Je multiplierai votre descendance comme les étoiles du ciel ; je donnerai, comme je l'ai dit, tout ce pays à vos descendants, et il sera pour toujours leur héritage." »
Le Seigneur renonça au mal qu'il avait voulu faire à son peuple.
– Parole du Seigneur.

Psaume 105 (106)

℟ ***Souviens-toi de nous, Seigneur, dans ta bienveillance pour ton peuple.***

Souviens-toi de moi, Seigneur,
dans ta bienveillance pour ton peuple.
Avec nos pères, nous avons péché,
nous avons failli et renié. ℟

À l'Horeb ils fabriquent un veau,
ils adorent un objet en métal :
ils échangeaient ce qui était leur gloire
pour l'image d'un taureau, d'un ruminant. ℟

Ils oublient le Dieu qui les sauve,
qui a fait des prodiges en Égypte,
des miracles au pays de Cham,
des actions terrifiantes sur la mer Rouge. ℟

Dieu a décidé de les détruire.
C'est alors que Moïse, son élu,
surgit sur la brèche, devant lui,
pour empêcher que sa fureur les extermine. ℟

Acclamation de l'Évangile

Louange à toi, Seigneur, Roi d'éternelle gloire ! Dieu a tellement aimé le monde qu'il a donné son Fils unique, afin que ceux qui croient en lui aient la vie éternelle. ***Louange à toi, Seigneur, Roi d'éternelle gloire !***

Évangile de Jésus Christ

selon saint Jean (5, 31-47)

« Votre accusateur, c'est Moïse, en qui vous avez mis votre espérance »

En ce temps-là, Jésus disait aux Juifs : « Si c'est moi qui me rends témoignage, mon témoignage n'est pas vrai ; c'est un autre qui me rend témoignage, et je sais que le témoignage qu'il me rend est vrai. Vous avez envoyé une délégation auprès de Jean le Baptiste, et il a rendu témoignage à la vérité. Moi, ce n'est pas d'un homme que je reçois le témoignage, mais je parle ainsi pour que vous soyez sauvés. Jean était la lampe qui brûle et qui brille, et vous avez voulu vous réjouir un moment à sa lumière. Mais j'ai pour moi un témoignage plus grand que celui de Jean : ce sont les œuvres que le Père m'a donné d'accomplir ; les œuvres mêmes que je fais témoignent que le Père m'a envoyé. Et le Père qui m'a envoyé, lui, m'a rendu témoignage. Vous n'avez jamais entendu sa voix, vous n'avez jamais vu sa face, et vous ne laissez pas sa parole demeurer en vous, puisque vous ne croyez pas en celui que le Père a envoyé. Vous scrutez les Écritures parce que vous pensez y trouver la vie éternelle ; or, ce sont les Écritures qui me rendent témoignage, et vous ne voulez pas venir à moi pour avoir la vie ! La gloire, je ne la reçois pas des hommes ; d'ailleurs je vous connais : vous n'avez pas en vous l'amour de Dieu. Moi, je suis venu au nom de mon Père, et vous ne me recevez pas ; qu'un autre vienne en son propre nom, celui-là, vous le recevrez ! Comment pourriez-vous croire, vous qui recevez votre gloire les uns des autres, et qui ne cherchez pas la gloire qui vient du Dieu unique ? Ne pensez pas que c'est moi qui vous accuserai devant le Père. Votre accusateur, c'est Moïse, en qui vous avez mis votre espérance. Si vous croyiez Moïse, vous me croiriez aussi, car c'est à mon sujet qu'il a écrit. Mais si vous ne croyez pas ses écrits, comment croirez-vous mes paroles ? »

Prière sur les offrandes

Nous t'en prions, Dieu tout-puissant, toi qui connais notre faiblesse : que l'offrande de notre sacrifice nous arrache au mal et nous protège toujours. Par Jésus… ***— Amen.***

Préfaces du Carême, p. 231.

Antienne de la communion

Parole du Seigneur :
« Je mettrai ma Loi au plus profond d'eux-mêmes ; et je l'inscrirai dans leur cœur. Je serai leur Dieu, et ils seront mon peuple. »
(Jr 31, 33)

Prière après la communion

Purifie-nous, Seigneur, par cette communion et libère-nous de toute faute ; nous subissons encore l'emprise du péché : fais-nous connaître la joie d'une guérison parfaite. Par Jésus…
— Amen.

INVITATION *proposée avec le CCFD-Terre solidaire*

Aujourd'hui, je pose un geste de solidarité en témoignage de ce qui plaît à Dieu.

COMMENTAIRE

Tous concernés

Exode 32, 7-14

Comment en arrive-t-on à se fabriquer une idole ? Si nous en croyons les versets qui précèdent le passage de l'Exode lu aujourd'hui, tout est parti d'un sentiment d'insécurité : Moïse tardant à redescendre de la montagne. Un point d'attention qui mérite considération et nous invite à nous débarrasser de nos dieux d'emprunt. Et cela, sans oublier que la miséricorde de Dieu, l'intercession du Christ et des saints ainsi que celle de nos compagnons de route, nous concernent tous et chacun. ■

***Sœur Emmanuelle Billoteau,** ermite*

VENDREDI 27 MARS 2020

4e SEMAINE DE CARÊME COULEUR LITURGIQUE : VIOLET

Temps du Carême, *messe de la férie*

Antienne d'ouverture

Dieu, par ton nom sauve-moi, rends-moi justice par ta puissance ;
Dieu, entends ma prière, écoute les mots que je dis. (Ps 53, 3-4)

Prière

Tu as préparé, Seigneur, pour nous qui sommes faibles, les secours dont nous avons besoin ; donne-nous d'accueillir avec joie notre relèvement et d'en témoigner par la fidélité de notre vie. Par Jésus Christ… ***— Amen.***

Lecture

du livre de la Sagesse (2, 1a. 12-22)

« Condamnons le juste à une mort infâme »

Les impies ne sont pas dans la vérité lorsqu'ils raisonnent ainsi en eux-mêmes : « Attirons le juste dans un piège, car il nous contrarie, il s'oppose à nos entreprises, il nous reproche de désobéir à la loi de Dieu, et nous accuse d'infidélités à notre éducation. Il prétend posséder la connaissance de Dieu, et se nomme lui-même enfant du Seigneur. Il est un démenti pour nos idées, sa seule présence nous pèse ; car il mène une vie en dehors du commun, sa conduite est étrange. Il nous tient pour des gens douteux, se détourne de nos chemins comme de la boue.

Il proclame heureux le sort final des justes et se vante d'avoir Dieu pour père. Voyons si ses paroles sont vraies, regardons comment il en sortira. Si le juste est fils de Dieu, Dieu l'assistera, et l'arrachera aux mains de ses adversaires. Soumettons-le à des outrages et à des tourments; nous saurons ce que vaut sa douceur, nous éprouverons sa patience. Condamnons-le à une mort infâme, puisque, dit-il, quelqu'un interviendra pour lui*. »
C'est ainsi que raisonnent ces gens-là, mais ils s'égarent; leur méchanceté les a rendus aveugles. Ils ne connaissent pas les secrets de Dieu, ils n'espèrent pas que la sainteté puisse être récompensée, ils n'estiment pas qu'une âme irréprochable puisse être glorifiée.
– Parole du Seigneur.

Psaume 33 (34)

℟ ***Le Seigneur est proche du cœur brisé.***

Le Seigneur affr**o**nte les méchants
pour effacer de la t**e**rre leur mémoire.
Le Seigneur ent**e**nd ceux qui l'appellent :
de toutes leurs ang**o**isses, il les délivre. ℟

Il est proche du cœ**u**r brisé,
il sauve l'espr**i**t abattu.
Malheur sur malhe**u**r pour le juste,
mais le Seigneur chaque f**o**is le délivre. ℟

Il veille sur chac**u**n de ses os :
pas un ne ser**a** brisé.
Le Seigneur rachèter**a** ses serviteurs :
pas de châtiment pour qui trouve
en lu**i** son refuge. ℟

22 - 28

Acclamation de l'Évangile

Ta Parole, Seigneur, est vérité, et ta loi, délivrance. L'homme ne vit pas seulement de pain, mais de toute parole qui sort de la bouche de Dieu. ***Ta Parole, Seigneur, est vérité, et ta loi, délivrance.***

Évangile de Jésus Christ

selon saint Jean (7, 1-2. 10. 14. 25-30)

« On cherchait à l'arrêter, mais son heure n'était pas encore venue »

En ce temps-là, Jésus parcourait la Galilée : il ne voulait pas parcourir la Judée car les Juifs cherchaient à le tuer. La fête juive des Tentes était proche. Lorsque ses frères furent montés à Jérusalem pour la fête, il y monta lui aussi, non pas ostensiblement, mais en secret.

On était déjà au milieu de la semaine de la fête quand Jésus monta au Temple ; et là il enseignait. Quelques habitants de Jérusalem disaient alors : « N'est-ce pas celui qu'on cherche à tuer ? Le voilà qui parle ouvertement, et personne ne lui dit rien ! Nos chefs auraient-ils vraiment reconnu que c'est lui le Christ ? Mais lui, nous savons d'où il est. Or, le Christ, quand il viendra, personne ne saura d'où il est. » Jésus, qui enseignait dans le Temple, s'écria : « Vous me connaissez ? Et vous savez d'où je suis ? Je ne suis pas venu de moi-même : mais il est véridique, Celui qui m'a envoyé, lui que vous ne connaissez pas. Moi, je le connais parce que je viens d'auprès de lui, et c'est lui qui m'a envoyé. »

On cherchait à l'arrêter, mais personne ne mit la main sur lui parce que son heure n'était pas encore venue.

Prière sur les offrandes

Que ces mystères dont la force nous purifie, Seigneur tout-puissant, nous acheminent en nous purifiant encore jusqu'à la source dont ils descendent. Par Jésus… **— *Amen.***

Préfaces du Carême, p. 231.

Antienne de la communion

Elle est inépuisable, la grâce de Dieu :
par son sang, le Christ
nous obtient la rédemption,
le pardon de nos fautes.
(Ep 1, 7)

Prière après la communion

Nous t'en prions, Seigneur, nous qui allons du passé vers ce qui est nouveau : fais-nous quitter ce qui ne peut que vieillir, mets en nous un esprit de renouveau et de sainteté. Par Jésus… **— *Amen.***

INVITATION *proposée avec le CCFD-Terre solidaire*

Jésus connaît bien son Père parce qu'il a été envoyé par lui. Je cherche son visage dans celui du frère ou de la sœur lointains, abattus, au cœur brisé.

COMMENTAIRE

Manuel de remise en question Sagesse 2, 1a. 12-22

Le livre de la Sagesse nous interroge sur plusieurs choses : être dans la vérité, s'égarer par une méchanceté qui aveugle. N'y a-t-il pas là un appel à la garde du cœur, au recul par rapport à nos jugements hâtifs et superficiels lorsque la façon d'être d'autrui nous remet en question ? Voilà qui nous incite à renouer avec le « bon » que Dieu a créé en nous (cf. Gn 1) et, surtout, à revisiter le mystère de la Croix, aussi déroutant soit-il. ■

Sœur Emmanuelle Billoteau, ermite

✲ CLÉ DE LECTURE

« Quelqu'un interviendra pour lui » Sagesse 2, 20 *(p. 185)*

Pourquoi Dieu n'intervient-il pas ? C'est la question douloureuse de ceux qui souffrent injustement, et la remarque sarcastique de ceux qui les regardent prier en vain. Ce sera la plainte du psalmiste, qu'on trouve aussi dans la bouche de Jésus : « Pourquoi m'as-tu abandonné ? » Le livre de la Sagesse met en scène un jeune juif resté fidèle à sa foi malgré les railleries de ceux, qui, passés à des philosophies athées, l'agressent et finissent par le mettre à mort. Déjà, la foi juive répondait en invitant à regarder au-delà du visible et à garder une confiance inébranlable dans celui qui est par excellence le Dieu fidèle : « Ils ne connaissent pas les secrets de Dieu. » Et Pierre pourra affirmer : « Tu n'as pas abandonné ton ami à la corruption. » ■

Roselyne Dupont-Roc, bibliste

SAMEDI 28 MARS 2020

4E SEMAINE DE CARÊME COULEUR LITURGIQUE : VIOLET

Temps du Carême, *messe de la férie*

Antienne d'ouverture

Les flots de la mort m'étreignaient, les torrents infernaux me happaient ; dans mon angoisse, j'appelai le Seigneur. Lui qui me retire du gouffre des eaux, il m'a libéré, car il m'aime. (Ps 17, 5. 7. 17. 20)

Prière

Sans toi, Seigneur, il nous est impossible de te plaire : dans la tendresse que tu nous portes, guide-nous, dirige nos cœurs. Par Jésus Christ… ***– Amen.***

Lecture

du livre du prophète Jérémie (11, 18-20)

« Moi, j'étais comme un agneau docile qu'on emmène à l'abattoir »

« Seigneur, tu m'as fait savoir, et maintenant je sais, tu m'as fait voir leurs manœuvres. Moi, j'étais comme un agneau docile qu'on emmène à l'abattoir, et je ne savais pas qu'ils montaient un complot contre moi. Ils disaient : "Coupons l'arbre à la racine, retranchons-le de la terre des vivants, afin qu'on oublie jusqu'à son nom." Seigneur de l'univers, toi qui juges avec justice, qui scrutes les reins et les cœurs, fais-moi voir la revanche que tu leur infligeras, car c'est à toi que j'ai remis ma cause. »
– Parole du Seigneur.

Psaume 7

℟ ***Seigneur mon Dieu, tu es mon refuge.***

Seigneur mon Dieu, tu es mon refuge !
On me poursuit : sauve-moi, délivre-moi !
Sinon ils vont m'égorger, tous ces fauves,
me déchirer, sans que personne me délivre. ℟

Juge-moi, Seigneur, sur ma justice :
mon innocence parle pour moi.
Mets fin à la rage des impies, affermis le juste,
toi qui scrutes les cœurs et les reins,
Dieu, le juste. ℟

J'aurai mon bouclier auprès de Dieu,
le sauveur des cœurs droits.
Dieu juge avec justice ;
je chanterai le nom du Seigneur,
le Très-Haut. ℟

Acclamation de l'Évangile

Ta parole, Seigneur, est vérité, et ta loi, délivrance. Heureux ceux qui ont entendu la Parole dans un cœur bon et généreux, qui la retiennent et portent du fruit par leur persévérance. ***Ta parole, Seigneur, est vérité, et ta loi, délivrance.***

Évangile de Jésus Christ

selon saint Jean (7, 40-53)

Est-ce de Galilée que vient le Christ ?

En ce temps-là, Jésus enseignait au temple de Jérusalem. Dans la foule, on avait entendu ses paroles, et les uns disaient : « C'est vraiment lui, le Prophète annoncé ! » D'autres disaient : « C'est lui le Christ ! » Mais d'autres encore demandaient : « Le Christ peut-il venir de Galilée ?

L'Écriture ne dit-elle pas que c'est de la descendance de David et de Bethléem, le village de David, que vient le Christ ? » C'est ainsi que la foule se divisa à cause de lui. Quelques-uns d'entre eux voulaient l'arrêter, mais personne ne mit la main sur lui. Les gardes revinrent auprès des grands prêtres et des pharisiens, qui leur demandèrent : « Pourquoi ne l'avez-vous pas amené ? » Les gardes répondirent : « Jamais un homme n'a parlé de la sorte ! » Les pharisiens leur répliquèrent : « Alors, vous aussi, vous vous êtes laissé égarer ? Parmi les chefs du peuple et les pharisiens, y en a-t-il un seul qui ait cru en lui ? Quant à cette foule qui ne sait rien de la Loi, ce sont des maudits ! »
Nicodème, l'un d'entre eux, celui qui était allé précédemment trouver Jésus, leur dit : « Notre Loi permet-elle de juger un homme sans l'entendre d'abord pour savoir ce qu'il a fait ? » Ils lui répondirent : « Serais-tu, toi aussi, de Galilée ? Cherche bien, et tu verras que jamais aucun prophète ne surgit de Galilée ! » Puis ils s'en allèrent chacun chez soi.

Prière sur les offrandes

Accueille nos offrandes, Seigneur, avec bienveillance ; et si nos volontés se rebellent, ramène-les vers toi. Par Jésus… – ***Amen.***

Préfaces du Carême, p. 231.

Antienne de la communion

Nous avons été rachetés
par le sang précieux du Christ,
de l'Agneau sans défaut
et sans tache. (1 P 1, 19)

Prière après la communion

Que tes saints mystères nous purifient, Seigneur : qu'ils agissent en nous pour nous rendre agréables à tes yeux. Par Jésus… ***— Amen.***

INVITATION *proposée avec le CCFD-Terre solidaire*

« Que peut-il sortir de bon de Galilée ? » Je recherche ce qui est bon dans un lieu ou chez une personne sur lesquels j'ai des préjugés.

COMMENTAIRE

Transformation positive

Jérémie 11, 18-20

Jérémie apparaît comme une figure qui annonce le Christ. Il nous remet devant la violence qui nous habite. Car nous ne sommes pas exempts des comportements qui furent ceux des contemporains du prophète et de Jésus. Reconnaître cette violence est un pas vers la guérison et la transformation de celle-ci en une énergie positive à mettre au service de Dieu, de la vie et d'autrui. Notons-le : lorsque l'Écriture décrit une impasse, elle nous indique toujours une issue. ■

Sœur Emmanuelle Billoteau, *ermite*

DIMANCHE 29 MARS 2020

5E DIMANCHE DE CARÊME

ANNÉE A COULEUR LITURGIQUE : VIOLET

« Lazare, viens dehors ! » Jean 11, 43

Jésus aime Marthe, Marie et Lazare, chacun tel qu'il est : Marthe avec sa foi déterminée, Marie avec sa délicatesse et le parfum de tendresse qui sort de son cœur, Lazare, dans la nuit de son tombeau. Jésus éprouve pour chacun d'entre nous une amitié unique. Il est toujours là pour nous ramener à la vie.

OUVERTURE DE LA CÉLÉBRATION

Chant d'entrée *(Suggestions p. 250)*

OU

Antienne d'ouverture

Rends-moi justice, ô mon Dieu,
soutiens ma cause contre un peuple sans foi; de l'homme qui ruse et qui trahit, libère-moi, Dieu qui es mon secours.
(Ps 42, 1-2)

Suggestion de préparation pénitentielle *(ou p. 225)*

Avec les amis de Jésus, qui ne désespèrent jamais de son amour, implorons la miséricorde de Dieu.

Seigneur Jésus, tu nous dis : « Celui qui croit, même s'il meurt, vivra. » Béni sois-tu et prends pitié de nous !

— Béni sois-tu et prends pitié de nous !

Ô Christ, tu nous promets : « Si tu crois, tu verras la gloire de Dieu ! » Béni sois-tu et prends pitié de nous !

— Béni sois-tu et prends pitié de nous !

Seigneur, tu appelles chacun de nous à la vie en lui ordonnant : « Viens dehors ! »

— Béni sois-tu et prends pitié de nous !

Que Dieu tout-puissant nous fasse miséricorde ; qu'il nous pardonne nos péchés et nous conduise à la vie éternelle. ***— Amen.***

Pendant le Carême, on omet le Gloire à Dieu.

Prière

Que ta grâce nous obtienne, Seigneur, d'imiter avec joie la charité du Christ qui a donné sa vie par amour pour le monde. Lui qui…
– Amen.

LITURGIE DE LA PAROLE

Lecture du livre du prophète Ézékiel (37, 12-14)

« Je mettrai en vous mon esprit, et vous vivrez »

Ainsi parle le Seigneur Dieu : Je vais ouvrir vos tombeaux et je vous en ferai remonter, ô mon peuple, et je vous ramènerai sur la terre d'Israël. Vous saurez que Je suis le Seigneur, quand j'ouvrirai vos tombeaux et vous en ferai remonter, ô mon peuple ! Je mettrai en vous mon esprit, et vous vivrez ; je vous donnerai le repos sur votre terre. Alors vous saurez que Je suis le Seigneur : j'ai parlé et je le ferai – oracle du Seigneur.

– Parole du Seigneur.

Psaume 129 (130)

℟ ***Près du Seigneur est l'amour, près de lui abonde le rachat.***

T. : AELF ; M. : M. Wackenheim ; ADF.

Des profondeurs je crie vers toi, Seigneur,
Seigneur, écoute mon appel !
Que ton oreille se fasse attentive
au cri de ma prière ! ℟

Si tu retiens les fautes, Seigneur,
Seigneur, qui subsistera ?
Mais près de toi se trouve le pardon
pour que l'homme te craigne. ℟

J'espère le Seigneur de toute mon âme ;
je l'espère, et j'attends sa parole.
Mon âme attend le Seigneur
plus qu'un veilleur ne guette l'aurore. ℟

Retrouvez
ce psaume sur le CD
"Les psaumes
de l'année A"

Oui, près du Seigneur, est l'amour ;
près de lui, abonde le rachat.
C'est lui qui rachètera Israël
de toutes ses fautes. ℟

Lecture de la lettre de saint Paul apôtre aux Romains (8, 8-11)

« L'Esprit de celui qui a ressuscité Jésus habite en vous »

Frères, ceux qui sont sous l'emprise de la chair ne peuvent pas plaire à Dieu. Or, vous, vous n'êtes pas sous l'emprise de la chair, mais sous celle de l'Esprit, puisque l'Esprit de Dieu habite en vous. Celui qui n'a pas l'Esprit du Christ ne lui appartient pas. Mais si le Christ est en vous, le corps, il est vrai, reste marqué par la mort à cause du péché, mais l'Esprit vous fait vivre, puisque vous êtes devenus des justes.
Et si l'Esprit de celui qui a ressuscité Jésus d'entre les morts habite en vous, celui qui a ressuscité Jésus, le Christ, d'entre les morts donnera aussi la vie à vos corps mortels par son Esprit qui habite en vous.
– Parole du Seigneur.

Acclamation de l'Évangile

Gloire à toi, Seigneur, gloire à toi. Moi, je suis la résurrection et la vie, dit le Seigneur. Celui qui croit en moi ne mourra jamais. ***Gloire à toi, Seigneur, gloire à toi.***

T. : AELF; M. : P. Robert; Bayard Liturgie.

Évangile de Jésus Christ selon saint Jean (11, 1-45)

(Lecture brève : Jn 11, 3-7. 17. 20-27. 33b-45)

« Je suis la résurrection et la vie »

En ce temps-là, il y avait quelqu'un de malade, Lazare, de Béthanie, le village de Marie et de Marthe, sa sœur. Or Marie était celle qui répandit du parfum sur le Seigneur et lui essuya les pieds avec ses cheveux. C'était son frère Lazare qui était malade. Donc, les deux sœurs...

Début de la lecture brève

(Lecture brève : **En ce temps-là, Marthe et Marie, les deux sœurs de Lazare,***)...* **envoyèrent dire à Jésus : « Seigneur, celui que tu aimes**

est malade. » En apprenant cela, Jésus dit : « Cette maladie ne conduit pas à la mort, elle est pour la gloire de Dieu, afin que par elle le Fils de Dieu soit glorifié. » Jésus aimait Marthe et sa sœur, ainsi que Lazare. Quand il apprit que celui-ci était malade, il demeura deux jours encore à l'endroit où il se trouvait. Puis, après cela, il dit aux disciples : « Revenons en Judée. »

Interruption de la lecture brève

Les disciples lui dirent : « Rabbi, tout récemment, les Juifs, là-bas, cherchaient à te lapider, et tu y retournes ? » Jésus répondit : « N'y a-t-il pas douze heures dans une journée ? Celui qui marche pendant le jour ne trébuche pas, parce qu'il voit la lumière de ce monde ; mais celui qui marche pendant la nuit trébuche, parce que la lumière n'est pas en lui. » Après ces paroles, il ajouta : « Lazare, notre ami, s'est endormi ; mais je vais aller le tirer de ce sommeil. » Les disciples lui dirent alors : « Seigneur, s'il s'est endormi, il sera sauvé. » Jésus avait parlé de la mort ; eux pensaient qu'il parlait du repos du sommeil. Alors il leur dit ouvertement : « Lazare est mort, et je me réjouis de n'avoir pas été là, à cause de vous, pour que vous croyiez. Mais allons auprès de lui ! » Thomas, appelé Didyme (c'est-à-dire Jumeau), dit aux autres disciples : « Allons-y, nous aussi, pour mourir avec lui ! »

Reprise de la lecture brève

À son arrivée, Jésus trouva Lazare au tombeau depuis quatre jours déjà. *Interruption de la lecture brève*

Comme Béthanie était tout près de Jérusalem – à une distance de quinze stades (c'est-à-dire une demi-heure de marche environ) –, beaucoup de Juifs étaient venus réconforter Marthe et Marie au sujet de leur frère. *Reprise de la lecture brève*

Lorsque Marthe apprit l'arrivée de Jésus, elle partit à sa rencontre, tandis que Marie restait assise à la maison. Marthe dit à Jésus : « Seigneur, si tu avais été ici, mon frère ne serait pas mort. Mais maintenant encore, je le sais, tout ce que tu demanderas à Dieu, Dieu te l'accordera. » Jésus lui dit : « Ton frère ressuscitera. » Marthe reprit : « Je sais qu'il ressuscitera à la résurrection, au dernier jour. »

Jésus lui dit : « Moi, je suis la résurrection et la vie. Celui qui croit en moi, même s'il meurt, vivra ; quiconque vit et croit en moi ne mourra jamais. Crois-tu cela ? » Elle répondit : « Oui, Seigneur, je le crois : tu es le Christ, le Fils de Dieu, tu es celui qui vient dans le monde. » *Interruption de la lecture brève*

Ayant dit cela, elle partit appeler sa sœur Marie, et lui dit tout bas : « Le Maître est là, il t'appelle. » Marie, dès qu'elle l'entendit, se leva rapidement et alla rejoindre Jésus. Il n'était pas encore entré dans le village, mais il se trouvait toujours à l'endroit où Marthe l'avait rencontré. Les Juifs qui étaient à la maison avec Marie et la réconfortaient, la voyant se lever et sortir si vite, la suivirent ; ils pensaient qu'elle allait au tombeau pour y pleurer. Marie arriva à l'endroit où se trouvait Jésus. Dès qu'elle le vit, elle

se jeta à ses pieds et lui dit : « Seigneur, si tu avais été ici, mon frère ne serait pas mort. » Quand il vit qu'elle pleurait, et que les Juifs venus avec elle pleuraient aussi, *Reprise de la lecture brève* ——
Jésus, en son esprit, fut saisi d'émotion, il fut bouleversé, et il demanda : « Où l'avez-vous déposé ? » Ils lui répondirent : « Seigneur, viens, et vois. » Alors Jésus se mit à pleurer. Les Juifs disaient : « Voyez comme il l'aimait ! » Mais certains d'entre eux dirent : « Lui qui a ouvert les yeux de l'aveugle, ne pouvait-il pas empêcher Lazare de mourir ? »
Jésus, repris par l'émotion, arriva au tombeau. C'était une grotte fermée par une pierre. Jésus dit : « Enlevez la pierre. » Marthe, la sœur du défunt, lui dit : « Seigneur, il sent déjà ; c'est le quatrième jour qu'il est là. » Alors Jésus dit à Marthe : « Ne te l'ai-je pas dit ? Si tu crois, tu verras la gloire de Dieu. » On enleva donc la pierre. Alors Jésus leva les yeux au ciel et dit : « Père, je te rends grâce parce que tu m'as exaucé. Je le savais bien, moi, que tu m'exauces toujours ; mais je le dis à cause de la foule qui m'entoure, afin qu'ils croient que c'est toi qui m'as envoyé. »
Après cela, il cria d'une voix forte : « Lazare, viens dehors ! » Et le mort sortit, les pieds et les mains liés par des bandelettes, le visage enveloppé d'un suaire. Jésus leur dit : « Déliez-le, et laissez-le aller. »
Beaucoup de Juifs, qui étaient venus auprès de Marie et avaient donc vu ce que Jésus avait fait, crurent en lui.

Homélie

Profession de foi *(p. 227)*

Suggestion de prière universelle

Le prêtre :

Tournons-nous vers le Père, source de toute vie et prions-le avec confiance.

℟ ***Oh ! Seigneur, en ce jour, écoute nos prières.***

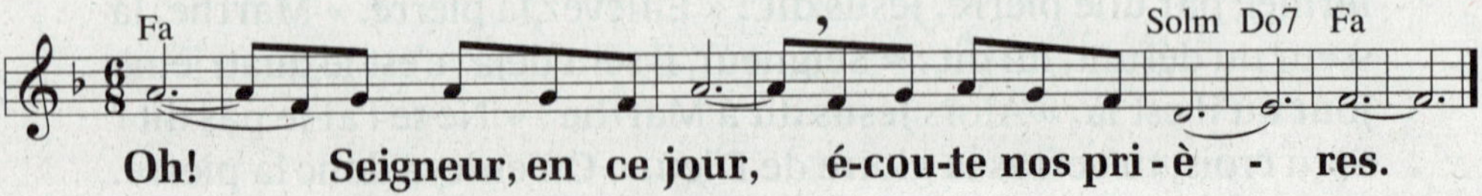

P 95 ; T. : et M. : R. Fau ; ADF © Studio SM.

Le diacre ou un lecteur :

Seigneur, que ton Esprit de paix soutienne ceux qui traversent le deuil et l'absence d'un être aimé. ℟

Seigneur, que ton Esprit de clairvoyance guide vers des choix courageux ceux qui sont désespérés et ceux qui vivent dans l'addiction. ℟

Seigneur, que ton Esprit de persévérance conduise la mission de tous les bénévoles du CCFD – Terre solidaire. ℟

Seigneur, que ton Esprit de douceur accompagne ceux qui s'engagent pour apaiser les conflits et aider leurs frères et sœurs à délier ce qui les emprisonne. ℟

Seigneur, que ton Esprit d'unité habite ton Église afin qu'elle persévère dans la fidélité à l'Évangile. ℟

(Ces intentions seront adaptées ou modifiées selon les circonstances.)

Le prêtre :

Dieu notre Père, espérance des hommes, entends nos cris en ce jour et, dans ton grand amour, réponds-nous. Nous te le demandons par Jésus, le Christ, notre Seigneur.

— Amen.

LITURGIE EUCHARISTIQUE

Prière sur les offrandes

Exauce tes serviteurs, Dieu tout-puissant : tu les as initiés à la foi chrétienne, qu'ils soient purifiés par ce sacrifice. Par Jésus…

— Amen.

Prière eucharistique *(Préface du 5e dimanche de Carême, année A)*

Vraiment, il est juste et bon de te rendre gloire, de t'offrir notre action de grâce, toujours et en tout lieu, à toi, Père très saint, Dieu éternel et tout-puissant, par le Christ, notre Seigneur. Il est cet homme plein d'humanité qui a pleuré sur son ami Lazare ; il est Dieu, le Dieu

éternel qui fit sortir le mort de son tombeau : ainsi, dans sa tendresse pour tous les hommes, il nous conduit, par les mystères de sa Pâque, jusqu'à la vie nouvelle. C'est par lui que les anges assemblés devant toi adorent ta sainteté ; laisse donc nos voix se joindre à leur louange pour chanter et proclamer :
Saint ! Saint ! Saint...

Chant de communion *(Suggestions p. 250)*

OU

Antienne de la communion

« Tout homme qui vit et croit en moi,
dit le Seigneur,
ne mourra jamais. » (Jn 11, 26)

Prière après la communion

Accorde-nous, Dieu tout-puissant, d'être toujours comptés parmi les membres du Christ, nous qui communions à son corps et à son sang. Lui qui… ***— Amen.***

CONCLUSION DE LA CÉLÉBRATION

Bénédiction

Envoi

COMMENTAIRE DU DIMANCHE

Karem Bustica, rédactrice en chef de *Prions en Église*

La foi de Marthe

Le magnifique récit de ce dimanche est une étape clé de la révélation de Jésus dans l'Évangile selon saint Jean. Comme un miroir, Lazare renvoie chacun à son destin d'homme mortel appelé à l'immortalité. Et il y a aussi ses sœurs, Marthe et Marie. Deux prénoms devenus la caricature de l'opposition supposée entre action et contemplation (Lc 10, 38-42). Marthe, la dispersée, et Marie, la recueillie. Et maintenant, Lazare le moribond. C'est à cause de cela que Jésus rejoint cette fratrie amie.

Marthe est la maîtresse de maison, elle va au-devant des gens et des situations, elle dit ce qu'il y a à dire et fait ce qu'il y a à faire avec une totale confiance en la vie et en Dieu. Pour Marthe, Jésus est le Seigneur des vivants et, dans ce récit, elle est devenue « la » croyante. Sa demande est formulée comme une confession de •••

••• foi. Rarement dans tout le Nouveau Testament quelqu'un aura été aussi « juste » dans un balbutiement de foi. Et c'est peut-être sur la foi de Marthe que Jésus s'appuie pour faire passer cette fratrie des liens du sang à la fraternité des fils et filles de Dieu. Car si « Jésus est le Christ, le Fils de Dieu qui vient dans le monde », c'est bien pour faire de nous tous un peuple de frères et sœurs appartenant à Dieu son Père. La mort de Lazare donne à Marthe la possibilité de confesser d'abord son espérance juive dans la résurrection finale, puis sa foi en Jésus en qui la vie de Dieu a fait irruption dans le monde.
Ce cinquième dimanche de Carême nous encourage à ouvrir nos multiples « tombeaux » et à accueillir le souffle de l'Esprit de vie qui se répand sans cesse. Car avec la résurrection du Christ nous ne sommes plus sous l'emprise de la chair mais sous celle de l'Esprit, puisque l'Esprit de Dieu habite en nous (cf. Rm 8, 8).

> « Marthe, dans ce récit, est devenue « la » croyante. »

Prions en Église Junior

LIRE L'ÉVANGILE AVEC LES ENFANTS

CE QUE JE DÉCOUVRE

Marthe et sa famille connaissent Jésus depuis longtemps. Marthe lui a toujours fait confiance. La mort de son frère Lazare ne détruit pas l'espérance qu'elle a mise en Jésus. Elle le croit au plus profond de son cœur : Jésus est le Fils de Dieu. C'est lui qui donne la vie. **Même quand tout semble terminé, fichu et mort, la foi prend le relais.** Ce qui est impossible devient possible. Ayons confiance en Jésus parce que Dieu l'a ressuscité.

CE QUE JE VIS

Comment réagis-tu quand un de tes proches tombe malade ? Quelles paroles te réconfortent ?

Ferme les yeux et, comme Marthe, dis :
« Oui, Seigneur, je le crois :
tu es le Christ, le Fils de Dieu. »

Texte : Père Pierre-Marie Leroy. Illustrations : Marcelino Truong

MÉDITATION BIBLIQUE

5[E] DIMANCHE DE CARÊME

Livre du prophète Ézékiel 37, 12-14

Plongeur sauveteur

L'action de Dieu dans l'histoire du peuple hébreu est signe de ce qui est à l'œuvre dans le Christ.

Le temps de la préparation

« Jésus lui dit : "Moi, je suis la résurrection et la vie. Celui qui croit en moi, même s'il meurt, vivra" » (Jn 11, 25).

Le temps de l'observation

L'extrait d'Ézékiel est, à première vue, une étrange proposition. Le peuple d'Israël est au plus mal. Le Temple de Jérusalem est détruit, la souveraineté politique perdue, une partie de l'élite est en exil à Babylone. Dans ce chaos, Dieu annonce au peuple qu'il s'engage personnellement à le libérer en posant une série d'actions concrètes. La première consistera à fracturer les tombeaux. Dans une tradition juive qui déclare impure toute personne rentrant au contact avec les morts, la proposition peut surprendre. Dieu va pénétrer l'espace réservé à la mort pour en faire sortir vivant le peuple d'Israël et lui redonner accès à la promesse faite à Abraham : une terre pour vivre en paix. Le retour du peuple sur sa terre sera le signe de la fidélité de Dieu. Le projet est inouï, incroyable, irréaliste. Au cœur de l'Exil à Babylone, comment Ézékiel ose-t-il répéter une telle proposition ?

Le temps de la méditation

Le tombeau est le lieu de la mort, de l'immobilité, de l'absence de lumière et de chaleur, un endroit clos dont on ne sort plus. Beaucoup de nos situations contemporaines peuvent correspondre à cette description. Nous pouvons nous aussi nous considérer comme des morts vivants. Or la Bible, très régulièrement, fait part des descentes de Dieu au cœur de ces impasses. En Égypte, le récit raconte que Dieu, quand il se rend compte de la situation d'esclavage qui oppresse le peuple, fait une promesse similaire à Moïse. « Je suis descendu pour le délivrer de la main des Égyptiens et le faire monter de ce pays vers un beau et vaste pays » (Ex 3, 8). À chaque fois, la promesse sera tenue. Le Dieu de la Bible descend et remonte, il plonge pour se faire pêcheur des hommes et des femmes qui coulent. Jésus incarne ce chemin pour Lazare. Il fait effraction dans ce qui semble inviolable ou désespéré. Et à la fin, c'est la vie qui gagne.

Le temps de la prière

« Des profondeurs je crie vers toi, Seigneur, Seigneur, écoute mon appel ! » Ps 129 (130), 1-2. ■

Marie-Laure Durand,
bibliste

LUNDI 30 MARS 2020

5ᴱ SEMAINE DE CARÊME COULEUR LITURGIQUE : VIOLET

Temps du Carême, *messe de la férie*

Antienne d'ouverture

Pitié, mon Dieu : tout le jour on m'attaque,
on me harcèle ; mais je compte sur toi.

(Ps 55, 2. 4)

Prière

Dieu qui nous combles de bénédiction par la richesse infinie de ta grâce, fais-nous quitter ce qui ne peut que vieillir, fais-nous entrer dans ce qui est nouveau, et nous serons préparés à la gloire du Royaume. Par Jésus Christ… ***— Amen.***

Lecture

du livre du prophète Daniel (13, 1-9. 15-17. 19-30. 33-62)

Lecture brève : 13, 41c-62

« Voici que je vais mourir, sans avoir rien fait de tout cela »

En ces jours-là, il y avait un habitant de Babylone qui se nommait Joakim. Il avait épousé une femme nommée Suzanne, fille d'Helkias. Elle était très belle et craignait le Seigneur. Ses parents étaient des justes, et ils avaient élevé leur fille selon la loi de Moïse. Joakim était très riche, et il possédait un jardin auprès de sa maison ; les Juifs affluaient chez lui, car il était le plus illustre d'entre eux. Deux anciens

avaient été désignés dans le peuple pour être juges cette année-là ; ils étaient de ceux dont le Seigneur a dit : « Le crime est venu de Babylone par des anciens, par des juges qui prétendaient guider le peuple. » Ils fréquentaient la maison de Joakim, et tous ceux qui avaient des procès venaient les trouver. Lorsque le peuple s'était retiré, vers midi, Suzanne entrait dans le jardin de son mari, et s'y promenait. Les deux anciens la voyaient chaque jour entrer et se promener, et ils se mirent à la désirer : ils pervertirent leur pensée, ils détournèrent leurs yeux pour ne plus regarder vers le ciel et ne plus se rappeler ses justes décrets. Ils guettaient le jour favorable, lorsque Suzanne entra, comme la veille et l'avant-veille, accompagnée seulement de deux jeunes filles ; il faisait très chaud, et elle eut envie de prendre un bain dans le jardin. Il n'y avait personne, en dehors des deux anciens qui s'étaient cachés et qui l'épiaient. Suzanne dit aux jeunes filles : « Apportez-moi de quoi me parfumer et me laver, puis fermez les portes du jardin, pour que je puisse prendre mon bain. » Dès que les jeunes filles furent sorties, les deux anciens surgirent, coururent vers Suzanne et lui dirent : « Les portes du jardin sont fermées, on ne nous voit pas ; nous te désirons, sois consentante et viens avec nous. Autrement nous porterons contre toi ce témoignage : il y avait un jeune homme avec toi, et c'est pour cela que tu as renvoyé les jeunes filles. » Suzanne dit en gémissant : « De tous côtés, je suis prise au piège : si je vous cède, c'est la mort pour moi ; et si je refuse de céder, je n'échapperai pas à vos mains. Mieux vaut pour moi tomber entre vos mains sans vous céder, plutôt que de pécher aux yeux du Seigneur. » Alors Suzanne poussa un grand cri, et les deux anciens se mirent à crier contre elle. L'un d'eux courut ouvrir les portes du jardin. Les gens de la maison, entendant crier dans le jardin, se précipitèrent par la porte de service pour voir ce qui arrivait à Suzanne. Quand les anciens eurent raconté leur histoire, les serviteurs furent remplis de honte, car jamais on n'avait dit pareille chose de Suzanne.

Le lendemain, le peuple se rassembla chez Joakim son mari. Les deux anciens arrivèrent, remplis de pensées criminelles contre Suzanne, et décidés à la faire mourir. Ils dirent devant le peuple : « Envoyez chercher Suzanne, fille d'Helkias, épouse de Joakim. » On l'envoya chercher. Elle se présenta avec ses parents, ses enfants et tous ses proches. Tous les siens pleuraient, ainsi que tous ceux qui la voyaient. Les deux anciens se levèrent au milieu du peuple, et posèrent les mains sur sa tête. Tout en pleurs, elle leva les yeux vers le ciel, car son cœur était plein de confiance dans le Seigneur. Les anciens déclarèrent : « Comme nous nous promenions seuls dans le jardin, cette femme y est entrée avec deux servantes. Elle a fermé les portes et renvoyé les servantes. Alors un jeune homme qui était caché est venu vers elle, et a couché avec elle. Nous étions dans un coin du jardin, nous avons vu le crime, et nous avons couru vers eux. Nous les avons vus s'unir, mais nous n'avons pas pu nous emparer du jeune homme, car il était plus fort que nous : il a ouvert la porte et il s'est échappé. Mais elle, nous l'avons saisie, et nous lui avons demandé qui était ce jeune homme ; elle n'a pas voulu nous le dire. De tout cela, nous sommes témoins. » L'assemblée les crut, car c'étaient des anciens du peuple et des juges, et Suzanne fut condamnée à mort.

Début de la lecture brève

(Lecture brève : En ces jours-là, le peuple venait de condamner à mort Suzanne.*)* Alors elle cria d'une voix forte : « Dieu éternel, toi qui pénètres les secrets, toi qui connais toutes choses avant qu'elles n'arrivent, tu sais qu'ils ont porté contre moi un faux témoignage. Voici que je vais mourir, sans avoir rien fait de tout ce que leur méchanceté a imaginé contre moi. »

Le Seigneur entendit sa voix. Comme on la conduisait à la mort, Dieu éveilla l'esprit de sainteté chez un tout jeune garçon nommé Daniel, qui se mit à crier d'une voix forte : « Je suis innocent de la mort de cette femme ! » Tout le peuple se tourna vers lui et on lui demanda : « Que signifie cette parole que tu as prononcée ? » Alors, debout au milieu du peuple, il leur dit : « Fils d'Israël, vous êtes donc fous ? Sans interrogatoire, sans recherche de la vérité, vous avez condamné une fille d'Israël. Revenez au tribunal, car ces gens-là ont porté contre elle un faux témoignage. »

Tout le peuple revint donc en hâte, et le collège des anciens dit à Daniel : « Viens siéger au milieu de nous et donne-nous des explications, car Dieu a déjà fait de toi un ancien. » Et Daniel leur dit : « Séparez-les bien l'un de l'autre, je vais les interroger. » Quand on les eut séparés, Daniel appela le premier et lui dit : « Toi qui as vieilli dans le mal, tu portes maintenant le poids des péchés que tu as commis autrefois en jugeant injustement : tu condamnais les innocents et tu acquittais les coupables, alors que le Seigneur a dit : "Tu ne feras pas mourir l'innocent et le juste."

Eh bien ! si réellement tu as vu cette femme, dis-nous sous quel arbre tu les as vus se donner l'un à l'autre ? » Il répondit : « Sous un sycomore. » Daniel dit : « Voilà justement un mensonge qui te condamne : l'ange de Dieu a reçu un ordre de Dieu, et il va te mettre à mort. » Daniel le renvoya, fit amener l'autre et lui dit : « Tu es de la race de Canaan et non de Juda ! La beauté t'a dévoyé et le désir a perverti ton cœur. C'est ainsi que vous traitiez les filles d'Israël, et, par crainte, elles se donnaient à vous. Mais une fille de Juda n'a pu consentir à votre crime. Dis-moi donc sous quel arbre tu les as vus se donner l'un à l'autre ? » Il répondit : « Sous un châtaignier. » Daniel lui dit : « Toi aussi, voilà justement un mensonge qui te condamne : l'ange de Dieu attend, l'épée à la main, pour te châtier, et vous faire exterminer. » Alors toute l'assemblée poussa une grande clameur et bénit Dieu qui sauve ceux qui espèrent en lui. Puis elle se retourna contre les deux anciens que Daniel avait convaincus de faux témoignage par leur propre bouche. Conformément à la loi de Moïse, on leur fit subir la peine que leur méchanceté avait imaginée contre leur prochain : on les mit à mort. Et ce jour-là, une vie innocente fut épargnée.

– Parole du Seigneur.

Psaume 22 (23)

℟ ***Si je traverse les ravins de la mort,***
je ne crains aucun mal, car tu es avec moi, Seigneur.

Le Seigneur est mon berger :
je ne manque de rien.
Sur des prés d'herbe fraîche,
il me fait reposer. ℟

Il me mène vers les eaux tranquilles
et me fait revivre ;
il me conduit par le juste chemin
pour l'honneur de son nom. ℟

Si je traverse les ravins de la mort,
je ne crains aucun mal,
car tu es avec moi :
ton bâton me guide et me rassure. ℟

Tu prépares la table pour moi
devant mes ennemis ;
tu répands le parfum sur ma tête,
ma coupe est débordante. ℟

Grâce et bonheur m'accompagnent
tous les jours de ma vie ;
j'habiterai la maison du Seigneur
pour la durée de mes jours. ℟

Acclamation de l'Évangile

Ta parole, Seigneur, est vérité, et ta loi, délivrance. Je ne prends pas plaisir à la mort du méchant, dit le Seigneur. Qu'il se détourne de sa conduite, et qu'il vive ! ***Ta parole, Seigneur, est vérité, et ta loi, délivrance.***

Évangile de Jésus Christ

selon saint Jean (8, 1-11)

« Celui d'entre vous qui est sans péché, qu'il soit le premier à lui jeter une pierre »

En ce temps-là, Jésus s'en alla au mont des Oliviers. Dès l'aurore, il retourna au Temple. Comme tout le peuple venait à lui, il s'assit et se mit à enseigner. Les scribes et les pharisiens lui amènent une femme qu'on avait surprise en situation d'adultère. Ils la mettent au milieu, et disent à Jésus : « Maître, cette femme a été surprise en flagrant délit d'adultère. Or, dans la Loi, Moïse nous a ordonné de lapider ces femmes-là. Et toi, que dis-tu ? » Ils parlaient ainsi pour le mettre à l'épreuve, afin de pouvoir l'accuser. Mais Jésus s'était baissé et, du doigt, il écrivait sur la terre. Comme on persistait à l'interroger, il se redressa et leur dit : « Celui d'entre vous qui est sans péché, qu'il soit le premier à lui jeter une pierre*. » Il se baissa de nouveau et il écrivait sur la terre. Eux, après avoir entendu cela, s'en allaient un par un, en commençant par les plus âgés. Jésus resta seul avec la femme toujours là au milieu. Il se redressa et lui demanda : « Femme, où sont-ils donc ? Personne ne t'a condamnée ? » Elle répondit : « Personne, Seigneur. » Et Jésus lui dit : « Moi non plus, je ne te condamne pas. Va, et désormais ne pèche plus. »

Prière sur les offrandes

Accorde-nous, Seigneur, cette grâce : qu'au moment de célébrer l'eucharistie, les renoncements imposés à notre corps nous permettent de nous présenter devant toi avec un cœur purifié. Par Jésus… — ***Amen.***

1re préface de la Passion, p. 232.

Antienne de la communion

« Femme, dit Jésus,
personne ne t'a condamnée ?
– Personne, Seigneur.
– Moi non plus, je ne te condamne pas.
Va, et désormais ne pèche plus. »
(Jn 8, 10-11)

Prière après la communion

Déjà fortifiés par cette eucharistie, nous te prions encore, Seigneur : que ta grâce nous purifie de nos penchants mauvais, et nous aide à marcher vers toi en suivant joyeusement le Christ. Lui qui… — ***Amen.***

INVITATION

J'écoute le Seigneur me dire, peut-être par le sacrement de réconciliation : « Je ne te condamne pas, je t'aime. »

COMMENTAIRE

L'exigence de la miséricorde Jean 8, 1-11

L'évangile de ce jour nous prépare à recevoir le don de notre réconciliation avec Dieu, scellée dans le mystère pascal. La miséricorde, notons-le, n'est pas une attitude bonasse qui consiste à avaliser n'importe quel comportement. Nous la voyons ici, assortie d'une exigence qui replace la femme dans sa liberté, sa responsabilité, sa dignité : « Va, et désormais ne pèche plus. » Écoutons cette parole et laissons-la nous dilater le cœur. ■

***Sœur Emmanuelle Billoteau**, ermite*

✲ CLÉ DE LECTURE

« Le premier à lui jeter la pierre » Jean 8, 8 *(p. 216)*

L'expression est devenue proverbiale, tant elle est universelle. Dans l'histoire de Suzanne, la ruse du jeune sage confond les méchants. Jésus aussi retourne la Loi contre ceux qui s'en font les défenseurs indignés et hypocrites. Mais il va plus loin : ce n'est pas la Loi qui peut transformer le cœur de l'homme mais plutôt le retour sur soi, la descente que chacun peut faire en son cœur, et dont il donne l'exemple en se penchant jusqu'à terre. Jusqu'à se faire, sans défense, la cible de ceux qui veulent le piéger et qui, un jour, le mettront à mort. La méchanceté du cœur humain ne peut se découvrir que devant l'humilité absolue de celui qui est l'innocent par excellence et qui cherche au fond du cœur de chacun le lieu d'une conversion possible. ■

***Roselyne Dupont-Roc**, bibliste*

MARDI 31 MARS 2020

5E SEMAINE DE CARÊME COULEUR LITURGIQUE : VIOLET

Temps du Carême, *messe de la férie*

Antienne d'ouverture

J'en suis sûr, je verrai la bonté du Seigneur sur la terre des vivants. Attends le Seigneur, sois fort et garde courage, attends le Seigneur !

(Ps 26, 13-14)

Prière

Seigneur, accorde-nous la grâce de persévérer dans ta volonté ; afin qu'au long des jours, le peuple dévoué à ton service augmente en nombre et grandisse en sainteté. Par Jésus Christ… ***— Amen.***

Lecture

du livre des Nombres (21, 4-9)

« Tous ceux qui auront été mordus, qu'ils regardent le serpent, alors ils vivront ! »

En ces jours-là, les Hébreux quittèrent Hor-la-Montagne par la route de la mer des Roseaux en contournant le pays d'Édom. Mais en chemin, le peuple perdit courage. Il récrimina contre Dieu et contre Moïse : « Pourquoi nous avoir fait monter d'Égypte ? Était-ce pour nous faire mourir dans le désert, où il n'y a ni pain ni eau ? Nous sommes dégoûtés de cette nourriture misérable ! » Alors le Seigneur envoya contre le peuple des serpents à la morsure brûlante, et beaucoup en moururent

29 - 31

dans le peuple d'Israël. Le peuple vint vers Moïse et dit : « Nous avons péché, en récriminant contre le Seigneur et contre toi. Intercède auprès du Seigneur pour qu'il éloigne de nous les serpents. » Moïse intercéda pour le peuple, et le Seigneur dit à Moïse : « Fais-toi un serpent brûlant, et dresse-le au sommet d'un mât : tous ceux qui auront été mordus, qu'ils le regardent, alors ils vivront ! » Moïse fit un serpent de bronze et le dressa au sommet du mât. Quand un homme était mordu par un serpent, et qu'il regardait vers le serpent de bronze, il restait en vie ! – Parole du Seigneur.

Psaume 101 (102)

℟ ***Seigneur, entends ma prière : que mon cri parvienne jusqu'à toi !***

Seigneur, entends ma prière :
que mon cri parvienne jusqu'à toi !
Ne me cache pas ton visage
le jour où je suis en détresse !
Le jour où j'appelle, écoute-moi ;
viens vite, réponds-moi ! ℟

Les nations craindront
le nom du Seigneur,
et tous les rois de la terre, sa gloire :
quand le Seigneur rebâtira Sion,
quand il apparaîtra dans sa gloire,
il se tournera vers la prière du spolié,
il n'aura pas méprisé sa prière. ℟

Que cela soit écrit pour l'âge à venir,
et le peuple à nouveau créé chantera son Dieu :
« Des hauteurs, son sanctuaire,
le Seigneur s'est penché ;
du ciel, il regarde la terre
pour entendre la plainte des captifs
et libérer ceux qui devaient mourir. » ℟

Acclamation de l'Évangile

Gloire et louange à toi, Seigneur Jésus ! Fils de l'homme, élevé sur la croix, tu attires à toi tous les hommes. ***Gloire et louange à toi, Seigneur Jésus !***

Évangile de Jésus Christ

selon saint Jean (8, 21-30)

« Quand vous aurez élevé le Fils de l'homme, alors vous comprendrez que moi, Je suis »

En ce temps-là, Jésus disait aux Pharisiens : « Je m'en vais ; vous me chercherez, et vous mourrez dans votre péché. Là où moi je vais, vous ne pouvez pas aller. » Les Juifs disaient : « Veut-il donc se donner la mort, puisqu'il dit : "Là où moi je vais, vous ne pouvez pas aller" ? » Il leur répondit : « Vous, vous êtes d'en bas ; moi, je suis d'en haut. Vous, vous êtes de ce monde ; moi, je ne suis pas de ce monde. C'est pourquoi je vous ai dit que vous mourrez dans vos péchés. En effet, si vous ne croyez pas que moi, Je suis, vous mourrez dans vos péchés. » Alors, ils lui demandaient : « Toi, qui es-tu ? » Jésus leur répondit : « Je n'ai pas cessé de vous le dire. À votre sujet, j'ai beaucoup à dire et à juger. D'ailleurs Celui qui m'a envoyé* dit la vérité, et ce que j'ai entendu de lui, je le dis pour le monde. » Ils ne comprirent pas qu'il leur parlait du Père. Jésus leur déclara : « Quand vous aurez élevé le Fils de l'homme, alors vous comprendrez que moi, Je suis, et que je ne fais rien de moi-même ; ce que je dis là, je le dis comme le Père me l'a enseigné. Celui qui m'a envoyé est avec moi ; il ne m'a pas laissé seul, parce que je fais toujours ce qui lui est agréable. » Sur ces paroles de Jésus, beaucoup crurent en lui.

Prière sur les offrandes

Nous t'offrons, Seigneur, le sacrifice de paix, et nous en attendons la grâce : délivre-nous de nos fautes et dirige toi-même nos cœurs incertains. Par Jésus…
— *Amen.*

1re préface de la Passion, p. 232.

Antienne de la communion

« Quand j'aurai été élevé de terre,
dit le Seigneur,
j'attirerai à moi tous les hommes. »
(Jn 12, 32)

Prière après la communion

Accorde-nous, Dieu tout-puissant, d'être toujours fidèles à ces mystères, afin de progresser de jour en jour vers les biens de ton Royaume. Par Jésus… **— *Amen.***

INVITATION

En famille, auprès d'amis, au travail, je réconforte quelqu'un qui est abattu par les événements du monde.

COMMENTAIRE

Antivenin Nombres 21, 4-9

Le livre des Nombres nous prépare à la célébration du mystère pascal. Notons qu'il s'agit une fois encore de nous confronter à nos déviances et de reconnaître la morsure des serpents qui menacent nos vies (haine, indifférence, refus de l'amour, etc.). Le but n'étant pas de nous conduire au désespoir mais de nous situer dans notre vérité et d'attiser notre désir d'être sauvés par Dieu, sachant que ses dons sont sans repentance (cf. Rm 11, 29). ■

Sœur Emmanuelle Billoteau, ermite

✲ CLÉ DE LECTURE

« Celui qui m'a envoyé » Jean 8, 29 *(p. 221)*

L'expression revient à plusieurs reprises dans l'évangile de Jean ; elle vient des récits de vocation de Moïse (Ex 3) et des grands prophètes d'Israël (Isaïe, Jérémie, Amos), auxquels Dieu a dit : « Je serai avec toi. » Jésus affirme à plusieurs reprises : « Celui qui m'a envoyé est avec moi. » Il unit sa confiance absolue en la présence et l'appui du Père et sa propre réponse qui est adhésion parfaite à sa volonté. Progressivement l'évangile avance vers l'affirmation : « Le Père et moi nous sommes UN » (Jn 17, 22). Elle se décline ici – comme en Jn 16, 32 – par la reconnaissance d'une intimité : « Je ne suis pas seul », qui éclaire de façon indirecte ce que nous pouvons connaître de Dieu. Dieu n'est pas solitaire, Dieu est échange et communion. ■

Roselyne Dupont-Roc, bibliste

La liturgie de la messe

OUVERTURE DE LA CÉLÉBRATION

Chant d'entrée

S'il n'y a pas de chant d'entrée, on dit l'antienne d'ouverture.

Le prêtre et les fidèles, debout, se signent, tandis que le prêtre dit :
Au nom du Père, et du Fils, et du Saint-Esprit. Amen.

Salutation

(1) La grâce de Jésus notre Seigneur, l'amour de Dieu le Père et la communion de l'Esprit Saint, soient toujours avec vous.
— Et avec votre esprit.

(2) Le Seigneur soit avec vous.
— Et avec votre esprit.

(3) Que Dieu notre Père et Jésus Christ notre Seigneur vous donnent la grâce et la paix.
— Béni soit Dieu, maintenant et toujours !

Préparation pénitentielle

(1) ### Je confesse à Dieu

Je confesse à Dieu tout-puissant, je reconnais devant mes frères, que j'ai péché en pensée, en parole, par action et par omission; oui, j'ai vraiment péché. C'est pourquoi je supplie la Vierge Marie, les anges et tous les saints, et vous aussi, mes frères, de prier pour moi le Seigneur notre Dieu.

(2) Seigneur, accorde-nous ton pardon. ***— Nous avons péché contre toi.***
Montre-nous ta miséricorde. ***— Et nous serons sauvés.***

(3) Seigneur Jésus, envoyé par le Père pour guérir et sauver les hommes, prends pitié de nous. ***— Prends pitié de nous.***
Ô Christ, venu dans le monde appeler tous les pécheurs, prends pitié de nous. ***— Prends pitié de nous.***
Seigneur, élevé dans la gloire du Père où tu intercèdes pour nous, prends pitié de nous. ***— Prends pitié de nous.***

Que Dieu tout-puissant nous fasse miséricorde; qu'il nous pardonne nos péchés et nous conduise à la vie éternelle. ***— Amen.***

Si l'on a choisi la 1re ou la 2e formule, on dit:
Seigneur, prends pitié. ***— Seigneur, prends pitié.***
Ô Christ, prends pitié. ***— Ô Christ, prends pitié.***
Seigneur, prends pitié. ***— Seigneur, prends pitié.***

Gloire à Dieu

Gloire à Dieu, au plus haut des cieux, et paix sur la terre aux hommes qu'il aime. Nous te louons, nous te bénissons, nous t'adorons, nous te glorifions, nous te rendons grâce, pour ton immense gloire, Seigneur Dieu, Roi du ciel, Dieu le Père tout-puissant.
Seigneur, Fils unique, Jésus Christ, Seigneur Dieu, Agneau de Dieu, le Fils du Père; toi qui enlèves le péché du monde, prends pitié de nous; toi qui enlèves le péché du monde, reçois notre prière; toi qui es assis à la droite du Père, prends pitié de nous.
Car toi seul es saint, toi seul es Seigneur, toi seul es le Très-Haut : Jésus Christ, avec le Saint-Esprit dans la gloire de Dieu le Père.
Amen.

Gloria in excelsis Deo et in terra pax hominibus bonae voluntatis. Laudamus te, benedicimus te, adoramus te. Glorificamus te. Gratias agimus tibi propter magnam gloriam tuam, Domine Deus, Rex caelestis, Deus Pater omnipotens. Domine Fili unigenite, Jesu Christe. Domine Deus, Agnus Dei, Filius Patris. Qui tollis peccata mundi, miserere nobis. Qui tollis peccata mundi, suscipe deprecationem nostram; qui sedes ad dexteram Patris, miserere nobis. Quoniam tu solus sanctus, tu solus Dominus, tu solus Altissimus, Jesu Christe, cum Sancto Spiritu : in gloria Dei Patris. Amen.

Prière

Voir à la date du jour.

LITURGIE DE LA PAROLE

Voir à la date du jour.

Profession de foi

SYMBOLE DES APÔTRES

Je crois en Dieu, le Père tout-puissant, créateur du ciel et de la terre.

Et en Jésus Christ, son Fils unique, notre Seigneur,
qui a été conçu du Saint-Esprit, est né de la Vierge Marie,
a souffert sous Ponce Pilate, a été crucifié,
est mort et a été enseveli, est descendu aux enfers,
le troisième jour est ressuscité des morts, est monté aux cieux,
est assis à la droite de Dieu le Père tout-puissant,
d'où il viendra juger les vivants et les morts.

Je crois en l'Esprit Saint,
à la sainte Église catholique, à la communion des saints,
à la rémission des péchés, à la résurrection de la chair,
à la vie éternelle.

Amen.

Symbole de Nicée-Constantinople

Je crois en un seul Dieu, le Père tout-puissant,
créateur du ciel et de la terre, de l'univers visible et invisible.
Je crois en un seul Seigneur, Jésus Christ, le Fils unique de Dieu,
né du Père avant tous les siècles :
il est Dieu, né de Dieu, lumière, née de la lumière, vrai Dieu, né du vrai Dieu,
engendré, non pas créé, de même nature que le Père; et par lui tout a été fait.
Pour nous les hommes, et pour notre salut, il descendit du ciel;
par l'Esprit Saint, il a pris chair de la Vierge Marie, et s'est fait homme.
Crucifié pour nous sous Ponce Pilate,
il souffrit sa passion et fut mis au tombeau.
Il ressuscita le troisième jour, conformément aux Écritures,
et il monta au ciel; il est assis à la droite du Père.
Il reviendra dans la gloire, pour juger les vivants et les morts;
et son règne n'aura pas de fin.
Je crois en l'Esprit Saint, qui est Seigneur et qui donne la vie;
il procède du Père et du Fils;
avec le Père et le Fils, il reçoit même adoration et même gloire;
il a parlé par les prophètes.
Je crois en l'Église, une, sainte, catholique et apostolique.
Je reconnais un seul baptême pour le pardon des péchés.
J'attends la résurrection des morts, et la vie du monde à venir.
Amen.

CREDO

Credo in unum Deum,
Patrem omnipotentem,
factorem caeli et terrae,
visibilium omnium et invisibilium.
Et in unum Dominum,
Jesum Christum,
Filium Dei unigenitum.
Et ex Patre natum ante omnia saecula.
Deum de Deo, lumen de lumine,
Deum verum de Deo vero.
Genitum non factum,
consubstantialem Patri,
per quem omnia facta sunt.
Qui propter nos homines,
et propter nostram salutem,
descendit de caelis.
Et incarnatus est de Spiritu Sancto
ex Maria Virgine,
et homo factus est.
Crucifixus etiam pro nobis sub Pontio
Pilato, passus, et sepultus est.
Et resurrexit tertia die,
secundum Scripturas.
Et ascendit in caelum,
sedet ad dexteram Patris.
Et iterum venturus est
cum gloria judicare vivos et mortuos;
cujus regni non erit finis.
Et in Spiritum Sanctum, Dominum,
et vivificantem :
qui ex Patre Filioque procedit;
Qui cum Patre et Filio
simul adoratur et conglorificatur :
qui locutus est per Prophetas.
Et unam sanctam catholicam
et apostolicam Ecclesiam.
Confiteor unum baptisma
in remissionem peccatorum.
Et expecto resurrectionem mortuorum,
et vitam venturi saeculi.
Amen.

Prière universelle

LITURGIE EUCHARISTIQUE

Préparation des dons

Tu es béni, Dieu de l'univers, toi qui nous donnes ce pain, fruit de la terre et du travail des hommes; nous te le présentons : il deviendra le pain de la vie.

— Béni soit Dieu, maintenant et toujours !

Comme cette eau se mêle au vin pour le sacrement de l'Alliance, puissions-nous être unis à la divinité de Celui qui a pris notre humanité.

Tu es béni, Dieu de l'univers, toi qui nous donnes ce vin, fruit de la vigne et du travail des hommes; nous te le présentons : il deviendra le vin du Royaume éternel. ***— Béni soit Dieu, maintenant et toujours !***

Humbles et pauvres, nous te supplions, Seigneur, accueille-nous : que notre sacrifice, en ce jour, trouve grâce devant toi.

Lave-moi de mes fautes, Seigneur, purifie-moi de mon péché.

Prions ensemble, au moment d'offrir le sacrifice de toute l'Église.

— Pour la gloire de Dieu et le salut du monde.

Prière sur les offrandes *Voir à la date du jour.*

Prière eucharistique

Le Seigneur soit avec vous. ***— Et avec votre esprit.***

Élevons notre cœur. ***— Nous le tournons vers le Seigneur.***

Rendons grâce au Seigneur notre Dieu. ***— Cela est juste et bon.***

Préfaces *(La numérotation des préfaces suit l'édition 1978 du Missel romain.)*

Les préfaces du mois de mars

1re préface du Carême (7)

Signification spirituelle du Carême

Vraiment, il est juste et bon de te rendre gloire, de t'offrir notre action de grâce, toujours et en tout lieu, à toi, Père très saint, Dieu éternel et tout-puissant, par le Christ, notre Seigneur. Car chaque année, tu accordes aux chrétiens de se préparer aux fêtes pascales dans la joie d'un cœur purifié; de sorte qu'en se donnant davantage à la prière, en témoignant plus d'amour pour le prochain, fidèles aux sacrements qui les ont fait renaître, ils soient comblés de la grâce que tu réserves à tes fils. C'est pourquoi, avec les anges et les archanges, avec les puissances d'en haut et tous les esprits bienheureux, nous chantons l'hymne de ta gloire et sans fin nous proclamons :

Saint ! Saint ! Saint...

2e préface du Carême (8)

Le Carême, temps de conversion

Vraiment, il est juste et bon de te rendre gloire, de t'offrir notre action de grâce, toujours et en tout lieu, à toi, Père très saint, Dieu éternel et tout-puissant. Tu offres à tes enfants ce temps de grâce pour qu'ils retrouvent la pureté du cœur; tu veux qu'ils se libèrent de leurs égoïsmes, afin qu'en travaillant à ce monde qui passe, ils s'attachent surtout aux choses qui ne passent pas. C'est pourquoi, avec les anges et tous les saints, nous chantons et proclamons :

Saint ! Saint ! Saint...

Les préfaces du mois de mars

3e préface du Carême *(9)*

Les motivations de la pénitence

Vraiment, il est juste et bon de te rendre gloire, de t'offrir notre action de grâce, toujours et en tout lieu, à toi, Père très saint, Dieu éternel et tout-puissant. Tu accueilles nos pénitences comme une offrande à ta gloire; car nos privations, tout en abaissant notre orgueil, nous invitent à imiter ta miséricorde et à partager avec ceux qui ont faim. C'est pourquoi, avec les anges et tous les saints, nous proclamons ta gloire, en chantant (disant) d'une seule voix :

Saint ! Saint ! Saint…

4e préface du Carême *(10)*

Les effets du Carême

Vraiment, il est juste et bon de te rendre gloire, de t'offrir notre action de grâce, toujours et en tout lieu, à toi, Père très saint, Dieu éternel et tout-puissant. Car tu veux, par notre jeûne et nos privations, réprimer nos penchants mauvais, élever nos esprits, nous donner la force et enfin la récompense, par le Christ, notre Seigneur. C'est par lui que les anges célèbrent ta grandeur, que les esprits bienheureux adorent ta gloire, que s'inclinent devant toi les puissances d'en haut et tressaillent d'une même allégresse les innombrables créatures des cieux. À leur hymne de louange, laisse-nous joindre nos voix pour chanter et proclamer :

Saint ! Saint ! Saint…

1re préface de la Passion *(11)*

Puissance de la Croix

Vraiment, il est juste et bon de te rendre gloire, de t'offrir notre action de grâce, toujours et en tout lieu, à toi, Père très saint, Dieu éternel et tout-puissant. Oui, l'univers entier, sauvé par la passion de ton Fils, peut désormais confesser ta gloire : par la puissance de la croix, apparaît en pleine lumière le jugement du monde, la victoire du crucifié. C'est pourquoi, avec les anges et tous les saints nous proclamons ta gloire, en chantant (disant) d'une seule voix :

Saint ! Saint ! Saint, le Seigneur,
Dieu de l'univers !
Le ciel et la terre
sont remplis de ta gloire.
Hosanna au plus haut des cieux.
Béni soit celui
qui vient au nom du Seigneur.
Hosanna au plus haut des cieux.

Sanctus, Sanctus, Sanctus
Dominus Deus Sabaoth
Pleni sunt caeli et terra gloria tua.
Hosanna in excelsis.
Benedictus qui venit
in nomine Domini.
Hosanna in excelsis.

• *Prière eucharistique* **1** .... *p. 234*
« Père infiniment bon… »
• *Prière eucharistique* **2** .... *p. 237*
« Vraiment, Père très saint… »
• *Prière eucharistique* **3** .... *p. 240*
« Tu es vraiment saint… »
• *Prière eucharistique* **4** .... *p. 243*
« Vraiment, il est bon de te rendre grâce… »

Prière eucharistique nº 1

Père infiniment bon, toi vers qui montent nos louanges, nous te supplions par Jésus Christ, ton Fils, notre Seigneur, d'accepter et de bénir ✠ ces offrandes saintes.

Nous te les présentons avant tout pour ta sainte Église catholique : accorde-lui la paix et protège-la, daigne la rassembler dans l'unité et la gouverner par toute la terre ; nous les présentons en même temps pour ton serviteur le pape N., pour notre évêque N. et tous ceux qui veillent fidèlement sur la foi catholique reçue des Apôtres. Souviens-toi, Seigneur, de tes serviteurs (de N. et N.) et de tous ceux qui sont ici réunis, dont tu connais la foi et l'attachement.

(Silence)

Nous t'offrons pour eux, ou ils t'offrent pour eux-mêmes et tous les leurs ce sacrifice de louange, pour leur propre rédemption, pour le salut qu'ils espèrent ; et ils te rendent cet hommage, à toi, Dieu éternel, vivant et vrai.

Dans la communion de toute l'Église, nous voulons nommer en premier lieu la bienheureuse Marie toujours Vierge, Mère de notre Dieu et Seigneur, Jésus Christ ; •••

Le dimanche :

Dans la communion de toute l'Église, en ce premier jour de la semaine, nous célébrons le jour où le Christ est ressuscité d'entre les morts ; et nous voulons nommer en premier lieu la bienheureuse Marie toujours Vierge, Mère de notre Dieu et Seigneur, Jésus Christ ; •••

Pour l'Annonciation du Seigneur :

Dans la communion de toute l'Église, nous célébrons le jour où, par l'Esprit

Prière eucharistique n° 1

Saint, la Vierge Marie a conçu ton Fils éternel ; et nous voulons nommer en premier lieu cette Vierge bienheureuse, la Mère de notre Dieu et Seigneur, Jésus Christ ; •••

••• saint Joseph, son époux, les saints Apôtres et Martyrs Pierre et Paul, André, [Jacques et Jean, Thomas, Jacques et Philippe, Barthélemy et Matthieu, Simon et Jude, Lin, Clet, Clément, Sixte, Corneille et Cyprien, Laurent, Chrysogone, Jean et Paul, Côme et Damien,] et tous les saints. Accorde-nous, par leur prière et leurs mérites, d'être, toujours et partout, forts de ton secours et de ta protection.
Voici l'offrande que nous présentons devant toi, nous, tes serviteurs, et ta famille entière, dans ta bienveillance, accepte-la. Assure toi-même la paix de notre vie, arrache-nous à la damnation et reçois-nous parmi tes élus.

Sanctifie pleinement cette offrande par la puissance de ta bénédiction, rends-la parfaite et digne de toi : qu'elle devienne pour nous le corps et le sang de ton Fils bien-aimé, Jésus Christ, notre Seigneur.

La veille de sa passion, il prit le pain dans ses mains très saintes et, les yeux levés au ciel, vers toi, Dieu, son Père tout-puissant, en te rendant grâce il le bénit, le rompit, et le donna à ses disciples, en disant :
« Prenez, et mangez-en tous : ceci est mon corps livré pour vous. »

De même, à la fin du repas, il prit dans ses mains cette coupe incomparable ; et te rendant grâce à nouveau, il la bénit, et la donna à ses disciples en disant :
« Prenez et buvez-en tous, car ceci est la coupe de mon sang, le sang de l'Alliance nouvelle et éternelle,

qui sera versé pour vous et pour la multitude, en rémission des péchés. Vous ferez cela, en mémoire de moi. »

(1) Il est grand, le mystère de la foi :
Nous proclamons ta mort, Seigneur Jésus, nous célébrons ta résurrection, nous attendons ta venue dans la gloire.

(2) Quand nous mangeons ce pain et buvons à cette coupe, nous célébrons le mystère de la foi :
Nous rappelons ta mort,
Seigneur ressuscité,
et nous attendons que tu viennes.

(3) Proclamons le mystère de la foi :
Gloire à toi qui étais mort, gloire à toi qui es vivant, notre Sauveur et notre Dieu : Viens, Seigneur Jésus !

C'est pourquoi nous aussi, tes serviteurs, et ton peuple saint avec nous, faisant mémoire de la passion bienheureuse de ton Fils, Jésus Christ, notre Seigneur, de sa résurrection du séjour des morts et de sa glorieuse ascension dans le ciel, nous te présentons, Dieu de gloire et de majesté, cette offrande prélevée sur les biens que tu nous donnes, le sacrifice pur et saint, le sacrifice parfait, pain de la vie éternelle et coupe du salut.
Et comme il t'a plu d'accueillir les présents d'Abel le Juste, le sacrifice de notre père Abraham, et celui que t'offrit Melchisédech, ton grand prêtre, en signe du sacrifice parfait, regarde cette offrande avec amour et, dans ta bienveillance, accepte-la.
Nous t'en supplions, Dieu tout-puissant : qu'elle soit portée par ton ange en présence de ta gloire, sur ton autel céleste, afin qu'en recevant ici, par notre communion à l'autel, le corps et le sang de ton Fils, nous soyons comblés de ta grâce et de tes bénédictions.

Prière eucharistique n° 2

Souviens-toi de tes serviteurs (de N. et N.) qui nous ont précédés, marqués du signe de la foi, et qui dorment dans la paix…

(Silence)

Pour eux et pour tous ceux qui reposent dans le Christ, nous implorons ta bonté : qu'ils entrent dans la joie, la paix et la lumière. Et nous, pécheurs qui mettons notre espérance en ta miséricorde inépuisable, admets-nous dans la communauté des bienheureux Apôtres et Martyrs, de Jean Baptiste, Étienne, Matthias et Barnabé, [Ignace, Alexandre, Marcellin et Pierre, Félicité et Perpétue, Agathe, Lucie, Agnès, Cécile, Anastasie,] et de tous les saints. Accueille-nous dans leur compagnie, sans nous juger sur le mérite mais en accordant ton pardon, par Jésus Christ, notre Seigneur. C'est par lui que tu ne cesses de créer tous ces biens, que tu les bénis, leur donnes la vie, les sanctifies et nous en fais le don.

Par lui, avec lui et en lui, à toi, Dieu le Père tout-puissant, dans l'unité du Saint-Esprit, tout honneur et toute gloire, pour les siècles des siècles. ***– Amen.***

(Communion : p. 247)

Prière eucharistique n° 2

Vraiment, Père très saint, il est juste et bon de te rendre grâce, toujours et en tout lieu, par ton Fils bien-aimé, Jésus Christ : car il est ta Parole vivante, par qui tu as créé toutes choses ; c'est lui que tu nous as envoyé comme Rédempteur et Sauveur, Dieu fait homme, conçu de l'Esprit Saint, né de la Vierge Marie ; pour accomplir jusqu'au bout ta volonté et rassembler du milieu des hommes un peuple saint qui t'appartienne, il étendit les mains à l'heure de sa passion, afin que soit brisée la mort, et que la résurrection soit manifestée. C'est pourquoi, avec les anges et tous les saints, nous proclamons ta gloire, en chantant (disant) d'une seule voix :

Saint ! Saint ! Saint, le Seigneur,
Dieu de l'univers !
Le ciel et la terre
sont remplis de ta gloire.
Hosanna au plus haut des cieux.
Béni soit celui qui vient
au nom du Seigneur.
Hosanna au plus haut des cieux.

Toi qui es vraiment saint, toi qui es la source de toute sainteté, Seigneur, nous te prions : •••

Le dimanche :

Toi qui es vraiment saint, toi qui es la source de toute sainteté, nous voici rassemblés devant toi, et, dans la communion de toute l'Église, en ce premier jour de la semaine, nous célébrons le jour où le Christ est ressuscité d'entre les morts. Par lui que tu as élevé à ta droite, Dieu notre Père, nous te prions : •••

Pour l'Annonciation du Seigneur :

Toi qui es vraiment saint, toi qui es la source de toute sainteté, nous voici rassemblés devant toi, et, dans la communion de toute l'Église, nous célébrons le jour où, par l'Esprit Saint, la Vierge Marie a conçu ton Fils éternel. Par lui, qui est devenu notre Sauveur, Dieu notre Père, nous te prions : •••

••• Sanctifie ces offrandes en répandant sur elles ton Esprit ; qu'elles deviennent pour nous le corps ✠ et le sang de Jésus, le Christ, notre Seigneur. Au moment d'être livré et d'entrer librement dans sa passion, il prit le pain, il rendit grâce, il le rompit et le donna à ses disciples, en disant : « Prenez, et mangez-en tous : ceci est mon corps livré pour vous. » De même, à la fin du repas, il prit la coupe ; de nouveau il rendit grâce, et la donna à ses disciples, en disant : « Prenez, et buvez-en tous, car ceci est la coupe de mon sang, le sang de l'Alliance nouvelle et éternelle, qui sera versé pour vous et pour la multitude en rémission des péchés. Vous ferez cela, en mémoire de moi. »

(1) Il est grand, le mystère de la foi :
Nous proclamons ta mort,
Seigneur Jésus,
nous célébrons ta résurrection,
nous attendons ta venue dans la gloire.

(2) Quand nous mangeons ce pain et buvons à cette coupe, nous célébrons le mystère de la foi :
Nous rappelons ta mort,
Seigneur ressuscité,
et nous attendons que tu viennes.

(3) Proclamons le mystère de la foi :
Gloire à toi qui étais mort,
gloire à toi qui es vivant,
notre Sauveur et notre Dieu :
Viens, Seigneur Jésus !

Faisant ici mémoire de la mort et de la résurrection de ton Fils, nous t'offrons, Seigneur, le pain de la vie et la coupe du salut, et nous te rendons grâce, car tu nous as choisis pour servir en ta présence. Humblement, nous te demandons qu'en ayant part au corps et au sang du Christ, nous soyons rassemblés par l'Esprit Saint en un seul corps.

Souviens-toi, Seigneur, de ton Église répandue à travers le monde : fais-la grandir dans ta charité avec le pape N., notre évêque N., et tous ceux qui ont la charge de ton peuple. Souviens-toi aussi de nos frères qui se sont endormis dans l'espérance de la résurrection, et de tous les hommes qui ont quitté cette vie : reçois-les dans ta lumière, auprès de toi. Sur nous tous enfin, nous implorons ta bonté : permets qu'avec la Vierge Marie, la bienheureuse Mère de Dieu, avec saint Joseph, son époux, avec les Apôtres et les saints de tous les temps qui ont vécu dans ton amitié, nous ayons part à la vie éternelle, et que nous chantions ta louange, par Jésus Christ, ton Fils bien-aimé.

Par lui, avec lui et en lui, à toi, Dieu le Père tout-puissant, dans l'unité du Saint-Esprit, tout honneur et toute gloire, pour les siècles des siècles. – ***Amen.***

(Communion : p. 247)

Prière eucharistique nº 3

Tu es vraiment saint, Dieu de l'univers, et toute la création proclame ta louange, car c'est toi qui donnes la vie, c'est toi qui sanctifies toutes choses, par ton Fils, Jésus Christ, notre Seigneur, avec la puissance de l'Esprit Saint ; et tu ne cesses de rassembler ton peuple, afin qu'il te présente partout dans le monde une offrande pure.

C'est pourquoi nous te supplions de consacrer toi-même les offrandes que nous apportons : •••

Le dimanche :

C'est pourquoi nous voici rassemblés devant toi, et, dans la communion de toute l'Église, en ce premier jour de la semaine nous célébrons le jour où le Christ est ressuscité d'entre les

Prière eucharistique n° 3

morts. Par lui, que tu as élevé à ta droite, Dieu tout-puissant, nous te supplions de consacrer toi-même les offrandes que nous apportons : •••

Pour l'Annonciation du Seigneur :

C'est pourquoi nous voici rassemblés devant toi, et, dans la communion de toute l'Église, nous célébrons le jour où, par l'Esprit Saint, la Vierge Marie a conçu ton Fils éternel. Par lui, qui est devenu notre Sauveur, Dieu tout-puissant, nous te supplions de consacrer toi-même les offrandes que nous apportons : •••

••• Sanctifie-les par ton Esprit, pour qu'elles deviennent le corps ✠ et le sang de ton Fils Jésus Christ, notre Seigneur, qui nous a dit de célébrer ce mystère.
La nuit même où il fut livré, il prit le pain, en te rendant grâce il le bénit, il le rompit et le donna à ses disciples, en disant : « Prenez, et mangez-en tous : ceci est mon corps livré pour vous. »
De même, à la fin du repas, il prit la coupe, en te rendant grâce il la bénit, et la donna à ses disciples, en disant : « Prenez, et buvez-en tous, car ceci est la coupe de mon sang, le sang de l'Alliance nouvelle et éternelle, qui sera versé pour vous et pour la multitude en rémission des péchés. Vous ferez cela, en mémoire de moi. »

(1) Il est grand, le mystère de la foi :
Nous proclamons ta mort, Seigneur Jésus, nous célébrons ta résurrection, nous attendons ta venue dans la gloire.

(2) Quand nous mangeons ce pain et buvons à cette coupe, nous célébrons le mystère de la foi :
Nous rappelons ta mort,
Seigneur ressuscité,
et nous attendons que tu viennes.

Prière eucharistique n° 3

(3) Proclamons le mystère de la foi :

Gloire à toi qui étais mort,
gloire à toi qui es vivant, notre Sauveur et notre Dieu : Viens, Seigneur Jésus !

En faisant mémoire de ton Fils, de sa passion qui nous sauve, de sa glorieuse résurrection et de son ascension dans le ciel, alors que nous attendons son dernier avènement, nous présentons cette offrande vivante et sainte pour te rendre grâce.
Regarde, Seigneur, le sacrifice de ton Église, et daigne y reconnaître celui de ton Fils qui nous a rétablis dans ton Alliance ; quand nous serons nourris de son corps et de son sang et remplis de l'Esprit Saint, accorde-nous d'être un seul corps et un seul esprit dans le Christ.

Que l'Esprit Saint fasse de nous une éternelle offrande à ta gloire, pour que nous obtenions un jour les biens du monde à venir, auprès de la Vierge Marie, la bienheureuse Mère de Dieu, avec saint Joseph, son époux, avec les Apôtres, les martyrs, [saint N.] et tous les saints, qui ne cessent d'intercéder pour nous.
Et maintenant, nous te supplions, Seigneur : par le sacrifice qui nous réconcilie avec toi, étends au monde entier le salut et la paix. Affermis la foi et la charité de ton Église au long de son chemin sur la terre : veille sur ton serviteur le pape N., et notre évêque N., l'ensemble des évêques, les prêtres, les diacres, et tout le peuple des rachetés.
Écoute les prières de ta famille assemblée devant toi, et ramène à toi, Père très aimant, tous tes enfants dispersés.
Pour nos frères défunts, pour les hommes qui ont quitté ce monde, et dont tu connais la droiture, nous te

prions : reçois-les dans ton Royaume, où nous espérons être comblés de ta gloire, tous ensemble et pour l'éternité, par le Christ, notre Seigneur, par qui tu donnes au monde toute grâce et tout bien.

Par lui, avec lui et en lui, à toi, Dieu le Père tout-puissant, dans l'unité du Saint-Esprit, tout honneur et toute gloire, pour les siècles des siècles. **– *Amen.***

(Communion : p. 247)

Prière eucharistique nº 4

Vraiment, il est bon de te rendre grâce, il est juste et bon de te glorifier, Père très saint, car tu es le seul Dieu, le Dieu vivant et vrai : tu étais avant tous les siècles, tu demeures éternellement, lumière au-delà de toute lumière. Toi, le Dieu de bonté, la source de la vie, tu as fait le monde pour que toute créature soit comblée de tes bénédictions, et que beaucoup se réjouissent de ta lumière. Ainsi, les anges innombrables qui te servent jour et nuit se tiennent devant toi, et, contemplant la splendeur de ta face, n'interrompent jamais leur louange.

Unis à leur hymne d'allégresse, avec la création tout entière qui t'acclame par nos voix, Dieu, nous te chantons :

Saint ! Saint ! Saint, le Seigneur,
Dieu de l'univers !
Le ciel et la terre
sont remplis de ta gloire.
Hosanna au plus haut des cieux.
Béni soit celui qui vient
au nom du Seigneur.
Hosanna au plus haut des cieux.

Père très saint, nous proclamons que tu es grand et que tu as créé toutes choses avec sagesse et par

Prière eucharistique nº 4

amour : tu as fait l'homme à ton image, et tu lui as confié l'univers, afin qu'en te servant, toi son Créateur, il règne sur la création.
Comme il avait perdu ton amitié en se détournant de toi, tu ne l'as pas abandonné au pouvoir de la mort. Dans ta miséricorde, tu es venu en aide à tous les hommes pour qu'ils te cherchent et puissent te trouver.
Tu as multiplié les alliances avec eux, et tu les as formés, par les prophètes, dans l'espérance du salut. Tu as tellement aimé le monde, Père très saint, que tu nous as envoyé ton propre Fils, lorsque les temps furent accomplis, pour qu'il soit notre Sauveur.
Conçu de l'Esprit Saint, né de la Vierge Marie, il a vécu notre condition d'homme en toute chose, excepté le péché, annonçant aux pauvres la bonne nouvelle du salut ; aux captifs, la délivrance ; aux affligés, la joie.
Pour accomplir le dessein de ton amour, il s'est livré lui-même à la mort, et, par sa résurrection, il a détruit la mort et renouvelé la vie.
Afin que notre vie ne soit plus à nous-mêmes, mais à lui qui est mort et ressuscité pour nous, il a envoyé d'auprès de toi, comme premier don fait aux croyants, l'Esprit qui poursuit son œuvre dans le monde et achève toute sanctification.

Que ce même Esprit Saint, nous t'en prions, Seigneur, sanctifie ces offrandes : qu'elles deviennent ainsi le corps ✠ et le sang de ton Fils dans la célébration de ce grand mystère, que lui-même nous a laissé en signe de l'Alliance éternelle.

Quand l'heure fut venue où tu allais le glorifier, comme il avait aimé les siens qui étaient dans le monde, il les aima jusqu'au bout : pendant le repas qu'il

Prière eucharistique n° 4

partageait avec eux, il prit le pain, il le bénit, le rompit et le donna à ses disciples, en disant :

« Prenez, et mangez-en tous : ceci est mon corps livré pour vous. »

De même, il prit la coupe remplie de vin, il rendit grâce et la donna à ses disciples, en disant :

« Prenez, et buvez-en tous, car ceci est la coupe de mon sang, le sang de l'Alliance nouvelle et éternelle, qui sera versé pour vous et pour la multitude, en rémission des péchés. Vous ferez cela, en mémoire de moi. »

(1) Il est grand, le mystère de la foi :
Nous proclamons ta mort,
Seigneur Jésus,
nous célébrons ta résurrection,
nous attendons ta venue
dans la gloire.

(2) Quand nous mangeons ce pain et buvons à cette coupe, nous célébrons le mystère de la foi :
Nous rappelons ta mort,
Seigneur ressuscité,
et nous attendons que tu viennes.

(3) Proclamons le mystère de la foi :
Gloire à toi qui étais mort,
gloire à toi qui es vivant,
notre Sauveur et notre Dieu :
Viens, Seigneur Jésus !

Voilà pourquoi, Seigneur, nous célébrons aujourd'hui le mémorial de notre rédemption : en rappelant la mort de Jésus Christ et sa descente au séjour des morts, en proclamant sa résurrection et son ascension à ta droite dans le ciel, en attendant aussi qu'il vienne dans la gloire, nous t'offrons son corps et son sang, le sacrifice qui est digne de toi et qui sauve le monde.

Prière eucharistique n° 4

Regarde, Seigneur, cette offrande que tu as donnée toi-même à ton Église ; accorde à tous ceux qui vont partager ce pain et boire à cette coupe d'être rassemblés par l'Esprit Saint en un seul corps, pour qu'ils soient eux-mêmes dans le Christ une vivante offrande à la louange de ta gloire.

Et maintenant, Seigneur, rappelle-toi tous ceux pour qui nous offrons le sacrifice : le pape N., notre évêque N. et tous les évêques, les prêtres et ceux qui les assistent, les fidèles qui présentent cette offrande, les membres de notre assemblée, le peuple qui t'appartient et tous les hommes qui te cherchent avec droiture.

Souviens-toi aussi de nos frères qui sont morts dans la paix du Christ, et de tous les morts dont toi seul connais la foi.

À nous qui sommes tes enfants, accorde, Père très bon, l'héritage de la vie éternelle auprès de la Vierge Marie, la bienheureuse Mère de Dieu, auprès de saint Joseph, son époux, auprès des Apôtres et de tous les saints, dans ton Royaume, où nous pourrons, avec la création tout entière enfin libérée du péché et de la mort, te glorifier par le Christ, notre Seigneur, par qui tu donnes au monde toute grâce et tout bien.

Par lui, avec lui et en lui, à toi, Dieu le Père tout-puissant, dans l'unité du Saint-Esprit, tout honneur et toute gloire, pour les siècles des siècles. – ***Amen.***

(Communion : page ci-contre.)

COMMUNION

Notre Père

(1) Unis dans le même Esprit, nous pouvons dire avec confiance
la prière que nous avons reçue du Sauveur :

(2) Comme nous l'avons appris du Sauveur et selon son commandement,
nous osons dire :

NOTRE PÈRE

**Notre Père qui es aux cieux, que ton nom soit sanctifié,
que ton règne vienne, que ta volonté soit faite sur la terre comme au ciel.
Donne-nous aujourd'hui notre pain de ce jour. Pardonne-nous
nos offenses, comme nous pardonnons aussi à ceux qui nous ont offensés.
Et ne nous laisse pas entrer en tentation, mais délivre-nous du Mal.**

PATER NOSTER

*Pater Noster qui es in caelis, sanctificetur nomen tuum, adveniat regnum tuum,
fiat voluntas tua sicut in caelo et in terra. Panem nostrum quotidianum da nobis
hodie, et dimitte nobis debita nostra, sicut et nos dimittimus debitoribus nostris,
et ne nos inducas in tentationem sed libera nos a malo.*

Délivre-nous de tout mal, Seigneur, et donne la paix à notre temps :
par ta miséricorde, libère-nous du péché, rassure-nous devant les épreuves

en cette vie où nous espérons le bonheur que tu promets et l'avènement de Jésus Christ, notre Sauveur. — ***Car c'est à toi qu'appartiennent le règne, la puissance et la gloire pour les siècles des siècles !***

Échange de la paix

Seigneur Jésus Christ, tu as dit à tes Apôtres : « Je vous laisse la paix, je vous donne ma paix » : ne regarde pas nos péchés mais la foi de ton Église; pour que ta volonté s'accomplisse, donne-lui toujours cette paix, et conduis-la vers l'unité parfaite, toi qui règnes pour les siècles des siècles. — ***Amen.***
Que la paix du Seigneur soit toujours avec vous. — ***Et avec votre esprit.***
Frères et sœurs, dans la charité du Christ, donnez-vous la paix.

Fraction du pain

Agneau de Dieu

Agneau de Dieu, qui enlèves le péché du monde, prends pitié de nous. *(bis)*
Agneau de Dieu, qui enlèves le péché du monde, donne-nous la paix.

Agnus Dei

Agnus Dei qui tollis peccata mundi, miserere nobis. *(bis)*
Agnus Dei qui tollis peccata mundi, dona nobis pacem.

Communion

Le prêtre complète, à voix basse, sa préparation personnelle à la communion :

(1) *Seigneur Jésus Christ, Fils du Dieu vivant, selon la volonté du Père et avec la puissance du Saint-Esprit, tu as donné, par ta mort, la vie au monde; que ton corps et ton sang me délivrent de mes péchés et de tout mal; fais que je demeure fidèle à tes commandements et que jamais je ne sois séparé de toi.*

(2) *Seigneur Jésus Christ, que cette communion à ton corps et à ton sang n'entraîne pour moi ni jugement ni condamnation; mais qu'elle soutienne mon esprit et mon corps et me donne la guérison.*

Montrant aux fidèles le pain eucharistique, le prêtre invite à la communion:

Heureux les invités au repas du Seigneur!
Voici l'Agneau de Dieu qui enlève le péché du monde.
— Seigneur, je ne suis pas digne de te recevoir;
mais dis seulement une parole et je serai guéri.

Chant de communion *ou antienne de la communion.*

Prière après la communion *voir à la date du jour*

CONCLUSION DE LA CÉLÉBRATION

Le Seigneur soit avec vous. ***— Et avec votre esprit.***
Que Dieu tout-puissant vous bénisse,
le Père, le Fils ✠ et le Saint-Esprit. ***— Amen.***

Le diacre ou le prêtre dit:

Allez, dans la paix du Christ. ***— Nous rendons grâce à Dieu.***

Chants pour la célébration

Suggestions et propositions de chants pour mars 2020.

Les chants signalés en rouge dans le tableau ci-dessous sont consultables à la page indiquée.

	Ouverture	Réf.	Communion / Action de grâce	Réf.
1er mars	Rends nous la joie de ton salut	G 268	Pain véritable	D 103
	Avec toi, nous irons… *(p. 251)*	**GP 229**	**Pour nous conduire aux… *(p. 261)***	
	Quarante jours d'une avancée	GA 58-20	En quels pays de solitude	G 184
8 mars	Sur les routes de l'Alliance	G 321	**Laissons-nous transformer… *(p. 252)***	**N 47-99**
	Chemin de Pâques	GX 545	La sagesse a dressé une table	D 580
	Vivons en enfants de… *(p. 253)*	**G 14-57-1**	Invisible ô toi lumière	DEV 149
15 mars	Si tu savais le don de Dieu	GA 300	**Celui qui a mangé de ce… *(p. 260)***	**D 140-2**
	Écoute la voix du Seigneur	A 548	Mendiant du jour	D 150-5
	Réveille les sources	G 548	Nés de l'eau et de l'Esprit	SYL K 814
22 mars	**Ouvre mes yeux, Seigneur *(p. 256)***	**GP 79-3**	Devenez ce que vous recevez	D68-39
	Tu es notre Dieu	A 187	Lumière pour l'homme aujourd'hui	EP 61-3
	Lumière des hommes	G 128-2	**Avec ta joie *(p. 258)***	**YD 22-37-1**
29 mars	**À la vie Dieu nous… *(p. 254)***	**G 61-69**	**Prenez et mangez *(p. 257)***	**D 52-67**
	Dieu qui nous appelles à vivre	K 158	Puisqu'il est avec nous	P 79
	Jubilez, criez de joie	U 52-42	Au-delà de toute connaissance	P 68 76-2

Suggestions proposées par Élise Nolais, en collaboration avec ChantonsenÉglise

Avec toi, nous irons au désert *(Ouverture)*

G 229; T. : J. Servel; M. : J. Gelineau; Chalet.

① Seigneur, avec toi nous irons au désert,
Poussés comme toi par l'Esprit
Et nous mangerons la Parole de Dieu,
Et nous choisirons notre Dieu,
Et nous fêterons notre Pâque au désert:
Nous vivrons le désert avec toi.

② Seigneur, nous irons au désert pour guérir,
poussés, comme toi, par l'Esprit.
Et tu ôteras de nos cœurs le péché,
et tu guériras notre mal.
Et nous fêterons notre Pâque au désert :
ô Vivant qui engendre la vie !

③ Seigneur, nous irons au désert pour prier,
poussés, comme toi, par l'Esprit.
Et nous goûterons le silence de Dieu,
et nous renaîtrons dans la joie.
Et nous fêterons notre Pâque au désert :
nous irons dans la force de Dieu !

Laissons-nous transformer par la lumière (Communion)

N 47-99 ; T. : BSCM ; M. : G. François-Dainville ; Jubilus.

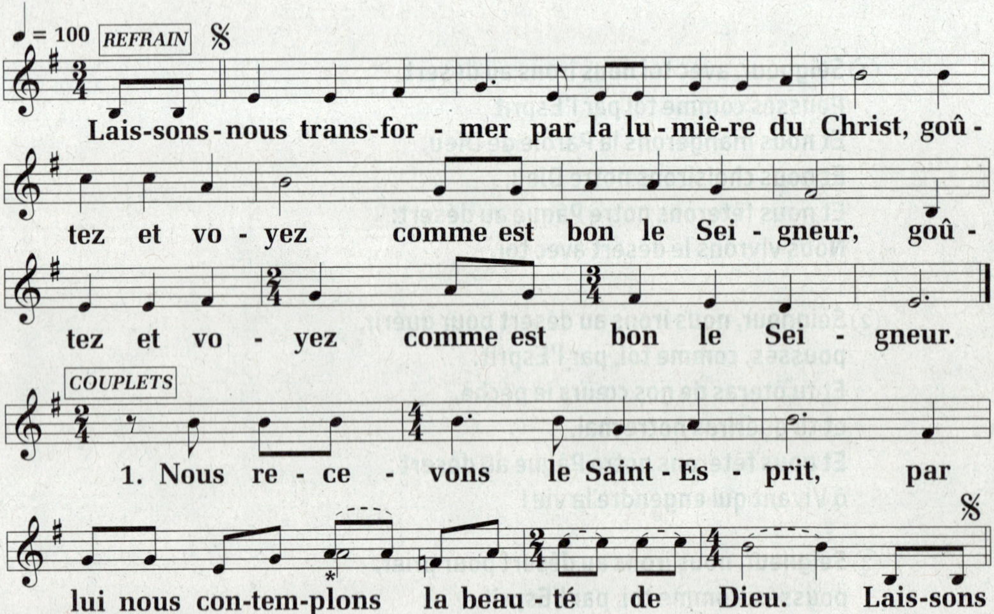

* Pour le 4e couplet.

② **Nous recevons le Saint-Esprit,**
par lui nous devenons un seul corps dans le Christ.

③ Nous recevons le Saint-Esprit,
par lui nous devenons des enfants de lumière.

④ Nous recevons le Saint-Esprit,
par lui nous aimons tous nos frères.

Vivons en enfants de lumière *(Ouverture / Envoi)*

G 14-57-1 ; T. : CFC ; M. : J. Berthier ; SM.

Refrain : **Vivons en enfants de lumière**
sur les chemins où l'Esprit nous conduit :
que vive en nous le nom du Père !

① L'heure est venue
de l'exode nouveau !
Voici le temps de renaître d'en-haut !
Quarante jours avant la Pâque,
vous commencez l'ultime étape !

② L'heure est venue
de sortir du sommeil !
Voici le temps de l'appel au désert !
Allez où va le Fils de l'homme.
La joie de Dieu sur lui repose.

③ L'heure est venue de lutter
dans la nuit !
Voici le temps d'affronter l'Ennemi !
N'ayez pas peur face aux ténèbres.
À l'horizon la Croix se dresse.

④ L'heure est venue de grandir
dans la foi !
Voici le temps de la faim, de la soif !
Gardez confiance, ouvrez le Livre.
Voici le pain, voici l'eau vive !

À la vie Dieu nous appelle *(Ouverture)*

G 61-69 ; T. : C. Bernard ; M. : J.-P. Hervy ; ADF Musique.

② Choisis la vie, c'est une flamme
qui paraît sur les sommets.
Choisis d'aller par le Thabor,
tu entendras la voix du Bien-Aimé.

③ Choisis la vie, c'est une eau claire
qui jaillit au fond du cœur.
Choisis d'aller vers le Sauveur,
il t'apprendra quel est le don de Dieu.

④ Choisis la vie, c'est la lumière
qui guérit l'aveugle-né.
Choisis d'aller vers Siloé,
tu renaîtras pour être un envoyé.

⑤ Choisis la vie, c'est une force
qui fracasse les tombeaux.
Choisis d'aller vers le Vivant,
et viens dehors porter le feu nouveau.

Ouvre mes yeux, Seigneur (Ouverture)

GP 79-3 ; T. : M. Scouarnec ; M. : M. Godard ; Mame (Le Chalet) © CNPL.

① Ouvre mes yeux, Seigneur,
aux merveilles de ton amour.
Je suis l'aveugle sur le chemin,
guéris-moi, je veux te voir.

② Ouvre mes mains, Seigneur,
qui se ferment pour tout garder.
Le pauvre a faim devant ma maison.
Apprends-moi à partager.

③ Fais que je marche, Seigneur,
aussi dur que soit le chemin.
Je veux te suivre jusqu'à la Croix,
viens me prendre par la main.

④ Fais que j'entende, Seigneur,
tous mes frères qui crient vers moi ;
à leur souffrance et à leurs appels
que mon cœur ne soit pas sourd.

⑤ Garde ma foi, Seigneur,
tant de voix proclament ta mort !
Quand vient le soir et le poids du jour,
ô Seigneur, reste avec moi.

Prenez et mangez (Communion)

D 52-67 ; T. : Communauté de l'Emmanuel (A.Broeders) ; L'Emmanuel/Stichting Emmanuel.

Refrain : **Prenez et mangez, ceci est mon corps,**
prenez et buvez, voici mon sang !
Ouvrez vos cœurs !
Vous ne serez plus jamais seuls : je vous donne ma vie.

① **Demeurez en moi, comme je demeure en vous,**
qui demeure en mon amour, celui-là portera du fruit.
Comme Dieu, mon Père, ainsi je vous ai aimés.
Gardez mes paroles, vous recevrez ma joie !

② **Je vous ai choisis pour que vous portiez du fruit.**
Gardez mon commandement et vous demeurerez en moi.
Comme je vous aime, aimez-vous d'un seul Esprit.
Je vous donne ma vie : vous êtes mes amis !

③ **Je vous enverrai l'Esprit Saint, le Paraclet.**
Il vous conduira au Père et fera de vous des témoins.
Cherchez, vous trouverez, demandez, vous obtiendrez,
afin que le Père soit glorifié en vous !

Avec ta joie *(Action de grâce)*

C 22-37-1 / YD 22-37-1 ; T. : CFC (M.-P. Faure.) ; M. : H. Dumas ; ADF – Studio SM.

② Avec ton feu brûlant de proche en proche,
avec ton nom qui appelle nos frères,
avec ton cœur pour pardonner au nôtre,
avec ta paix comme un fruit de ton cœur.

③ Avec ta paix nourrie de tant de larmes,
avec ton nom comme un cri vers le Père,
et ton amour pour attirer le nôtre,
avec la Croix comme un fruit de l'amour.

④ Avec ta croix montrant le prix de l'homme,
avec ton nom qui défie l'Adversaire,
avec ta mort pour racheter la nôtre,
avec la vie comme un fruit de ta mort.

⑤ Avec ta vie pour tout le corps en fête,
avec ton nom que les anges célèbrent,
et ton Esprit pour éveiller le nôtre,
avec la joie comme un fruit de l'Esprit.

⑥ Avec ta joie, Jésus, Sauveur de monde,
avec ton nom qui remplit ciel et terre,
avec ton jour pour embraser le nôtre,
l'éternité comme un fruit de ton jour.

Celui qui a mangé de ce pain (Communion)

D 140-2 ; T. : J. Servel ; M. : M. Godard ; Chalet.

① **Celui qui a mangé de ce pain chargé de joyeuse espérance :**
le corps du Seigneur !
Celui qui a mangé de ce pain, celui-là sans faiblir marchera.
Aujourd'hui, Seigneur, reste avec nous :
que ton peuple aujourd'hui connaisse ta puissance.

② **Celui qui a reçu le soleil au fond de son cœur misérable,**
le corps du Seigneur !
Celui qui a reçu le soleil, celui-là dans la nuit chantera.
Aujourd'hui, Seigneur, reste avec nous :
que ton peuple aujourd'hui habite dans ta gloire.

③ **Celui en qui l'eau vive a jailli, s'il boit au rocher qui nous sauve,**
le corps du Seigneur !
Celui en qui l'eau vive a jailli, celui-là jusqu'en Dieu fleurira.
Aujourd'hui, Seigneur, reste avec nous :
que ton peuple aujourd'hui renaisse à ton image.

④ **Celui qui a goûté de ce fruit mûri sur la Croix pour le monde,**
le corps du Seigneur !
Celui qui a goûté de ce fruit, celui-là dans l'amour grandira.
Aujourd'hui, Seigneur, reste avec nous :
que ton peuple aujourd'hui revive ton mystère.

Pour nous conduire aux sources *(Action de grâce)*

T. : CFC (F. David) ; M. : P. Robert ; Bayard Liturgie.

♩ = 80 *Allant*

1. Pour nous con - duire aux sour - ces, voi - ci
2. Pour ac - cueil - lir sa grâ - ce, voi - ci
3. Pour nous me - ner vers l'au - be, voi - ci

le Sei-gneur s'a - van-ce. L'e - xo-de du ber-ger ac-com-
le dé - sert im - men-se: le lieu de nos re - fus est le
qu'u-ne nuit com - men-ce. De - meu-re no-tre cœur dans la

plit la dé - li - vran-ce: le Christ est de - vant nous, il
lieu de sa pa - tien-ce. Le Christ at - tire à lui tout
paix et le si - len-ce: le Christ est près de nous, il

mar - che vers Jé - ru - sa - lem, ci - té de sa mort.
hom - me: le temps du dé - sir se pro-longe en - core.
veil - le, lu - miè - re pro - mise au mon - de qui dort.

CHANTS POUR L'ORDINAIRE

MESSE DE LA MISÉRICORDE

Kyrie

AL 50-64 ; Jubilus ; T. : AELF ; M. : C.-J. Thil (« Messe de la Miséricorde »).

Saint le Seigneur

AL 50-64 ; T. : AELF ; M. : C.-J. Thil (« Messe de la Miséricorde »).

Agneau de Dieu

AL 50-64 ; T. : AELF ; M. : C.-J. Thil (« Messe de la Miséricorde »).

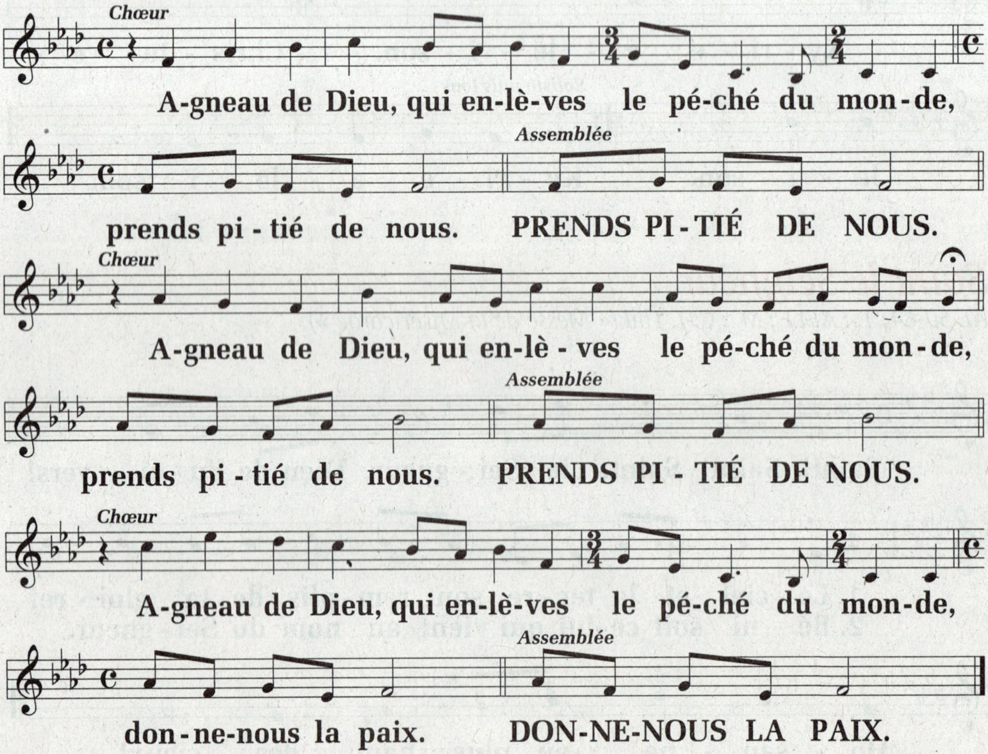

UNE SÉLECTION
PrionsenÉglise
CHAQUE JOUR, LE SOUFFLE DE LA PAROLE DE DIEU
ORGANISATION
Routes Bibliques
www.routesbibliques.fr
PLACES LIMITÉES
Inscrivez-vous vite !
DU 10 AU 17 JUIN 2020
PÈLERINAGE
Sur les pas de Jésus en Galilée et à Jérusalem
L'essentiel de la Terre Sainte au fil des Évangiles
Accompagné par le Père Sébastien Antoni, religieux assomptionniste, journaliste.
INFORMATIONS ET INSCRIPTION : Routes Bibliques - tél. 01 45 49 07 77 ou accueil@routesbibliques.fr

UNE SÉLECTION
PrionsenÉglise
CHAQUE JOUR, LE SOUFFLE DE LA PAROLE DE DIEU
ORGANISATION
ictus
VOYAGES
DU 29 MAI AU 5 JUIN 2020
Algérie
Une longue histoire, un peuple de croyants
Accompagné par le Père Christian DELORME, prêtre de l'archidiocèse de Lyon, en charge du dialogue interreligieux, particulièrement avec les musulmans, fin connaisseur de l'Algérie.
INFORMATIONS ET INSCRIPTION : ICTUS VOYAGES - tél. 01 41 12 04 80 ou contact@ictusvoyages.com

MARS 2020

BIBLE

LITURGIE

PRIÈRE

COMMUNAUTÉS

Dominique Pierre, rédacteur en chef des revues LES CAHIERS Prions en Église et Chantons en Église

ÉVANGILE DU DIMANCHE 15 MARS

Le seau d'eau vive

À travers le seau ruisselant d'eau vive que la Samaritaine remonte du puits, nous comprenons que la scène de cette mosaïque nous parle avant tout du mystère pascal et du baptême.

Celui qui est assis « au bord du puits » n'est pas l'homme « fatigué par la route » qu'évoque l'évangile (Jn 4, 6), mais le Seigneur, rayonnant de la gloire de la Résurrection. Couronné d'une large auréole crucifère, il se tient face à nous tel un souverain antique : un petit amas de rochers verdoyants lui sert de trône; sa tunique et son manteau sont de pourpre et d'or. Le disciple vêtu de blanc qui se tient en retrait nous invite à écouter la parole du Maître. Tout à sa tâche quotidienne, la femme de Samarie tend l'oreille et dirige son regard vers Jésus. Le geste du Christ comme celui de la femme qui relève son seau attirent notre attention sur le puits qui fait symboliquement le lien entre le mystère pascal et le baptême. Le treuil, la corde et les montants de bois évoquent le gibet sur lequel Jésus a été attaché; la cuve de pierre rappelle le tombeau et les ténèbres de la mort; le seau ruisselant d'eau vive et marqué d'une croix qui en remonte est l'image du Christ ressuscité. On comprend clairement que le baptême est participation à la mort et à la résurrection de Jésus. La structure extérieure du puits ressemble à une porte : le baptême est le sacrement qui fait entrer dans l'intimité du Christ. ■

L'œuvre : *La Samaritaine au puits,* mosaïque de la basilique Saint-Apollinaire-le-Neuf (VIe siècle), Ravenne (Italie).

Père Jacques Nieuviarts, assomptionniste, conseiller éditorial de *Prions en Église*

Sur la route de Tyr et de Sidon

La veuve de Sarepta peine à nourrir son fils mais ouvre sa table et s'ouvre à la Parole. La Syro-Phénicienne persuade Jésus de guérir sa fille. Deux femmes désespérées, en contrée païenne, désarmantes de confiance.

Plus d'une fois, le prophète Élie est décrit dans la Bible comme un homme de feu (cf. Si 48, 1; 1 R 17 – 2 R 2). Son histoire s'ouvre, dans les Écritures, par les mots vigoureux qu'il adresse au puissant roi Acab : « Par le Seigneur qui est vivant [...], pendant plusieurs années il n'y aura pas de rosée ni de pluie, à moins que j'en donne l'ordre. » Sur la parole du Seigneur, le prophète va se réfugier près du torrent de Kérith : « Tu boiras au torrent, lui dit le Seigneur, et j'ordonne aux corbeaux de t'apporter ta nourriture. » Lorsque même ce torrent est à sec : « Lève-toi, lui dit le Seigneur, va à Sarepta, dans le pays de Sidon [...]; il y a là une veuve que j'ai chargée de te nourrir. » Élie part donc vers Tyr et Sidon, et y rencontre la merveilleuse veuve de Sarepta, qui s'apprête à mourir avec son fils unique après avoir pétri sa dernière mesure de farine et d'huile : c'est la sécheresse et la mort. Élie, l'homme de Dieu, lui demande à manger. Lui qui sera vigoureux dans la défense des faibles, réclame pour lui-même à cette veuve la dernière ressource dont elle dispose. La suite du récit dit l'inversion de la disette et du désespoir : les jarres de farine et d'huile ne s'épuisent pas… au temps de la famine et de la mort ! Telle est la vie qui vient de Dieu et que la veuve reçoit en ouvrant sa maison au prophète et en accueillant à travers lui la parole qui vient de Dieu.

Qu'est-ce donc que la foi, si ce n'est ce mouvement impérieux qui fait se jeter aux pieds de Jésus ?

Cette veuve est proche d'une autre femme dans les évangiles de Matthieu (Mt 15, 22-28) et de Marc (Mc 7, 25-30), syro-phénicienne comme elle, et comme elle étonnante et merveilleuse de foi. Tandis que Jésus passe dans cette région de Tyr et de Sidon, elle se jette à ses pieds, le suppliant de guérir sa fille « tourmentée par un démon ». Mais il ne lui répond pas un mot. « Renvoie-la, demandent les disciples, car elle nous poursuit de ses cris ! » La rencontre est rude. « Je n'ai été envoyé qu'aux brebis perdues de la maison d'Israël », dit Jésus. Mais elle insiste, avec les mots de la foi : « Seigneur, viens à mon secours ! » « Il n'est pas bien de prendre le pain des enfants et de le jeter aux petits chiens », rétorque Jésus. « Mais justement, insiste-t-elle, les petits chiens mangent les miettes qui tombent de la table de leurs maîtres. » « Femme, grande est ta foi, que tout se passe pour toi comme tu le veux ! » À l'heure même, sa fille fut libérée de ses démons.

Qu'est-ce donc que la foi, si ce n'est ce mouvement impérieux qui fait se jeter aux pieds de Jésus, sûr qu'il exauce, et que le rencontrer donne la vie et sauve ? ■

Père Sylvain Gasser, assomptionniste

Le retour de Lazare à la vie Jn 11, 1-45

ÉVANGILE DU DIMANCHE 29 MARS

Environ 45 minutes

Une Bible ou Prions en Église, *pages 198-201*

Lire (10 minutes)

Prenons bien le temps de lire ce long texte, ultime miracle du Christ dans l'évangile de Jean.

Partager (25 minutes)

- Dans ma vie, quels sont **les lieux et les moments** où j'ai perdu toute forme d'espérance ?
- Ai-je attendu en retour une **intervention** de Dieu ?
- Suis-je capable d'inviter Dieu à me tendre **la main** quand je suis pris par le désespoir ou des forces de mort ?
- En quoi la résurrection de Jésus change-t-elle ma vie ?

Prier (10 minutes)

Après un temps de méditation silencieuse, nous pouvons écouter un enregistrement du beau chant de communion grégorien de ce jour, *Videns Dominus*, qui reprend les paroles de cet évangile. ■

Pour comprendre le texte

▸ Le chapitre 11 de l'évangile de Jean est consacré au retour à la vie de Lazare, dernier et saisissant signe accompli par Jésus. Celui-ci y affirme son autorité sur la vie et la mort : l'heure de la glorification est arrivée.

▸ Malgré cela, l'échec pointe : les autorités décident de faire mourir Jésus. Dans le prologue (v. 1 à 16), Marie et Marthe sollicitent le secours de Jésus pour sauver Lazare, son proche ami, gravement malade. Tardant à partir, Jésus signifie que la maladie n'est plus envisagée dans la seule perspective de la mort inéluctable, mais en lien avec la gloire de Dieu et de son Fils.

▸ La partie principale du récit (v. 17 à 44) voit d'abord s'engager un intense dialogue entre Jésus et Marthe. La promesse que Lazare ressuscitera signifie que la vie excède les assauts de la mort, si la foi requise se porte bien sur Jésus, l'Envoyé du Père. Suit l'échange avec Marie, plongée dans une si profonde affliction que Jésus frémit. En relevant Lazare, Jésus contestera le pouvoir destructeur de la mort et fera du tombeau ouvert les confins de la présence de Dieu au monde. ●

Père Alain Marchadour, assomptionniste, bibliste

Jean Baptiste et Marie : messagers de la foi

« Envoyé par Dieu » pour annoncer la venue de Jésus Christ et préparer le chemin, tel est le rôle assigné à Jean le Baptiste. Et « la première » sur ce chemin sera la mère de Jésus, exemple de fidélité jusqu'au bout.

« Il y eut un homme envoyé par Dieu; son nom était Jean. Il est venu comme témoin, pour rendre témoignage à la Lumière, afin que tous croient par lui » (Jn 1, 6-7). La présence de Jean Baptiste dès le prologue étonne. Désigné comme « envoyé par Dieu », il est celui qui ouvre le chemin de la foi à ses disciples et à tous ceux qui sont appelés à croire en Jésus. À Jérusalem, tout près du Saint-Sépulcre, une petite église consacrée à Jean Baptiste se dresse, signe pour l'éternité de la mission de Jean en faveur de Jésus le Seigneur.

À la fin de son parcours, Jean Baptiste a pourtant douté. « Jean, dans sa prison, avait entendu parler des œuvres du Christ. Il lui envoya ses disciples pour lui dire : "Es-tu celui qui doit venir, ou devons-nous en attendre un autre ?" Jésus leur répondit : "Allez rapporter à Jean ce que vous entendez et voyez : les aveugles voient, et les boiteux marchent, les lépreux sont purifiés, et les sourds entendent, les morts ressuscitent, et la Bonne Nouvelle est annoncée aux pauvres" » (cf. Mt 11, 2-5).

Le repas de Cana

Dans le sillage de Jean Baptiste, qui s'efface pour que Jésus grandisse (cf. Jn 3, 30), la mère de Jésus apparaît comme la première des croyantes, lorsque commence la vie publique de son fils. Elle est là, la première, avant même Jésus, comme pour marquer sa prééminence dans le chemin de la foi.

Jésus fait comprendre à sa mère qu'un temps nouveau commence.

Quand elle se tourne vers son fils qui a rejoint le mariage à Cana avec les premiers disciples, elle l'informe du manque de vin, indispensable pour la noce. Et la réponse de Jésus est déconcertante : « Ne te mêle pas, femme » (cf. Jn 2, 4). Que signifie cette mise à distance, qui a tant gêné les commentateurs ? Cette expression, difficile à traduire, s'éclaire par l'hébreu, littéralement : « Quoi à toi et à moi ? » Alors, le sens est clair : c'est une mise à distance, qui ne prend sa pleine signification que dans la réponse de la mère de Jésus.

La mère obéissante

Jésus, qui obéissait jusqu'alors à sa mère, lui donne à comprendre qu'un temps nouveau commence. Certes, elle demeurera pour l'éternité sa mère, celle qui l'a nourri et formé. Mais désormais, la mère de Jésus devient « la première en chemin », invitant les disciples à l'écoute de son Fils : « Tout ce qu'il vous dira, faites-le » (Jn 2, 5). Par cette parole, Marie invite chacun des disciples à se soumettre…

... à son fils comme elle-même le fera jusqu'à la Croix.

Croire ou douter

« Il manifesta sa gloire, et ses disciples crurent en lui » (Jn 2, 11). Quelle est l'épaisseur de cette foi, attribuée ici aux apôtres ? La suite de l'évangile montre que la fidélité est un chemin difficile. La mère de Jésus a indiqué la voie, elle la met en pratique jusqu'à la fin. Quand vient le temps de la Passion et que Jésus est crucifié, elle est là avec « le disciple que Jésus aimait » (cf. Jn 19, 26) et quelques femmes. Sa présence à deux reprises, au début et à la fin du parcours de Jésus, disent la place de la mère de Jésus dans son cheminement. Ce rendez-vous, pourtant manqué par les apôtres dont la foi a si souvent vacillé, est la préfiguration et l'embryon de l'Église naissante, avec la mère de Jésus, les femmes et « le disciple que Jésus aimait ». ■

Thérèse : croire et douter

« Mère bien-aimée [...], si vous jugez d'après les sentiments que j'exprime dans les petites poésies que j'ai composées cette année, je dois sembler une âme remplie de consolations et pour laquelle le voile de la foi s'est presque déchiré, et cependant... ce n'est plus un voile pour moi, c'est un mur qui s'élève jusqu'aux cieux et couvre le firmament étoilé... Lorsque je chante le bonheur du Ciel, l'éternelle possession de Dieu, je n'en ressens aucune joie, car je chante simplement ce que je veux croire. »

Œuvres complètes, Thérèse de Lisieux, Manuscrit C, Paris, Le Cerf, DDB, 1992

Arnaud Join-Lambert, théologien, Université catholique de Louvain

« Kyrie eleison »

La formule liturgique grecque signifiant « Seigneur, prends pitié » résonne dans la tradition chrétienne. Cette invocation séculaire ne se comprend vraiment qu'en corrélation avec l'eucharistie.

Si les chrétiens connaissent les mots hébreux Alléluia et Amen, le grec ne leur est pas non plus étranger avec le Kyrie eleison. Durant des siècles, cette intrusion dans le monopole latin a résonné dans toutes les églises, à tel point que l'on n'a jamais traduit en latin cette invocation succédant au Gloria. Même les coptes, les Éthiopiens et les chrétiens de langue liturgique syriaque recourent au texte grec. C'est dire l'autorité considérable de cette formule liturgique dans la tradition chrétienne. Le verbe grec « eleein » fait écho à l'hébreu « hanan », qui désigne une action concrète de bienveillance, manifestation de celui qui « fait grâce ». Notre « prends pitié » liturgique n'est pas l'expression d'un dernier recours juridique contre une condamnation que nous aurions méritée. C'est la demande de la grâce pour aller vers Dieu, le « Dieu de tendresse et de pitié » (Ps 85, 15).

Si Dieu donne gratuitement et sans limite cette grâce, cela n'est pas pour autant facile aux hommes et aux femmes englués dans un quotidien parfois médiocre. C'est bien la raison d'exister du Kyrie eleison. Afin de mesurer la puissance de cette •••

… invocation, faisons un saut dans la liturgie byzantine. Dans plusieurs offices, le Kyrie eleison est chanté douze fois au début et répété très rapidement quarante fois de suite à la fin des petites Heures ! Cet « excès » sature alors toute la liturgie, montrant ainsi l'infini des grâces de Dieu, et donc l'infini de Dieu lui-même. Le nombre 40 est, bien entendu, symbolique, faisant écho aux quarante ans du peuple hébreu dans le désert, temps durant lequel Dieu prépare son peuple à entrer en Terre promise. Les quarante Kyrie eleison sont symboliquement le temps de la préparation à la communion promise.

En ce temps de Carême, nous pourrions tester une telle litanie orientale afin de redécouvrir la profondeur et la puissance de cette acclamation. Comme le Gloria disparaît en ce temps liturgique, l'occasion est ainsi offerte d'approfondir le sens de ce que nous chantons trop souvent sans y prêter d'attention. Notre Kyrie de la liturgie romaine fait, en effet, pâle figure du point de vue quantitatif, mais sa mise en œuvre, bien plus déployée musicalement, exprime autre chose. Le triple Kyrie semble avoir existé déjà dans des cultes préchrétiens, notamment dans la Rome antique. Rapidement, les chrétiens lui ont donné une signification trinitaire, renforcée par l'insertion de l'invocation Christe eleison. Aujourd'hui, son rythme ternaire prépare ainsi expressément à entrer en communion avec le Dieu Trinité.

On pourrait alors légitiment se demander qui est ce « Seigneur », ce « Kyrios ». Une interprétation dit que c'est le Père, puisque suit l'invocation Christe eleison, adressée bien entendu au Fils. Au Saint-Esprit – lui aussi « Seigneur » – serait adressée la finale. C'est une explication assez commune et pourtant insatisfaisante.

Célébration de pénitence et de réconciliation à la paroisse Saint-Louis-des-Français, Madrid.

Virginia Castro/Ciric

Certes, le Kyrie constitue un élément important des rites d'ouverture de la messe, mais il ne s'agit que d'une entrée. Il ne se comprend vraiment qu'en lien avec la finalité qu'est la communion. Si Dieu « fait grâce » dans le Kyrie, nous « rendons grâce » dans l'eucharistie. Le jeu de mots est légitime et très significatif. Pour nous en souvenir, mettons nos pas dans ceux du lépreux samaritain guéri par Jésus (Lc 17, 11-19). Il commence par crier avec ses compagnons : « Prends pitié » (« eleison »). Puis il « rend grâce » (« eucharistôn »). Tel est le mouvement existentiel dans lequel chaque messe nous fait entrer toujours plus profondément. ■

Tant dans les lettres de saint Paul que dans l'antiquité chrétienne, le Kyrios-Seigneur désigne Jésus-Christ. Il ne faut donc pas « séquencer » le Kyrie en personnalisant trop ses trois parties. Le Kyrie eleison doit rester une expression symbolique audible du mystère de Dieu lui-même. Et ce chant ne peut pas non plus être isolé du reste de la liturgie.

Michèle Clavier, théologienne

Renouvelés pour évangéliser

Le temps du Carême est, entre autres, un temps de pénitence. Or, dit le Concile, celle-ci « ne doit pas être seulement intérieure et individuelle, mais aussi extérieure et sociale » (*Sacrosanctum Concilium* § 110).

Plus largement, Vatican II insiste sur la dimension missionnaire du Carême. Il y voit « un instrument efficace pour montrer ou préparer à ceux qui ne croient pas encore un chemin vers le Christ et son Église » (*Presbyterorum ordinis* § 6). Appel à un Carême fécond pour tous.

“

L'Église étant tout entière missionnaire, et l'œuvre de l'évangélisation étant un devoir fondamental du peuple de Dieu, le saint Concile invite tous les chrétiens à une profonde rénovation intérieure, afin qu'ayant une conscience vive de leur propre responsabilité dans la diffusion de l'Évangile, ils assument leur part dans l'œuvre missionnaire auprès des nations.

VATICAN II, *AD GENTES* **§ 35-36**, DÉCRET SUR L'ACTIVITÉ MISSIONNAIRE DE L'ÉGLISE

Vatican II L'intégrale.
Édition bilingue révisée, Bayard (2002)

Mission des baptisés

Comme membres du Christ vivant, auquel ils ont été incorporés et configurés par le baptême ainsi que par la confirmation et l'eucharistie, tous les fidèles sont tenus de coopérer à l'expansion et au développement de son corps, pour l'amener le plus vite possible à sa plénitude (Ep 4, 13).

C'est pourquoi tous les fils de l'Église doivent avoir une vive conscience de leur responsabilité à l'égard du monde, nourrir en eux un esprit véritablement catholique et dépenser leurs forces pour l'œuvre de l'évangélisation. Cependant, [...] leur premier et leur plus important devoir pour la diffusion de la foi, c'est de vivre profondément leur vie chrétienne. [...]

Avec la grâce de Dieu

Cet esprit renouvelé amènera à offrir spontanément à Dieu des prières et des œuvres de pénitence pour qu'il féconde de sa grâce l'œuvre des missionnaires; il amènera l'éclosion de vocations missionnaires, et l'afflux des ressources dont les missions ont besoin.

Un cœur nouveau

Pour que tous et chacun des chrétiens connaissent exactement la situation présente de l'Église dans le monde, et qu'ils entendent la voix des multitudes qui crient : « Viens à notre aide » (cf. Ac 16, 9), on donnera, en employant les moyens modernes de communication sociale, des nouvelles missionnaires telles que, prenant conscience de ce que l'activité missionnaire est la leur, ils ouvrent leur cœur aux besoins si immenses et si profonds des hommes et puissent leur venir en aide. ■ »

Sœur Anne Lécu, dominicaine

La prière des chants

Les prières passent par la voix et, dans la Bible, le peuple de Dieu ne manque pas d'en donner. Pour chanter sa joie ou crier son malheur et, enfin, pour clamer une révélation saisissante.

Impossible de méditer sur les instruments de musique sans parler des chants qui les accompagnent. La prière des hommes et des femmes, c'est d'abord leurs voix. Leurs voix qui chantent, qui supplient, qui crient. Lorsque le peuple hébreu est libéré de l'esclavage d'Égypte, la prophétesse Miryam, sœur d'Aaron, saisit un tambourin et, avec toutes les femmes qui la suivent, elle se met à chanter : « Chantez pour le Seigneur ! Éclatante est sa gloire : il a jeté dans la mer cheval et cavalier ! » (Ex 15, 21).

Quand il part en exil, le peuple en deuil fait monter sa plainte vers Dieu. Les instruments de musique se taisent. « Tous ceux qui avaient le cœur en fête se lamentent. Elle a cessé, l'allégresse des tambourins; il a pris fin, le joyeux vacarme; elle a cessé, l'allégresse des cithares ! » (Is 24, 7-8). Lorsque le peuple revient d'exil, blessé, endeuillé, le prophète Jérémie évoque Rachel, la matriarche, épouse de Jacob, mère de Joseph et de Benjamin. « Ainsi parle le Seigneur : Un cri s'élève dans Rama, une plainte et des pleurs d'amertume. C'est Rachel qui pleure ses fils; elle refuse d'être consolée, car ses fils ne sont plus » (Jr 31, 15).

Nos voix naissent dans l'intimité. Elles disent qui nous sommes et ce que nous vivons. La polyphonie souligne la singularité de chaque voix et sa place nécessaire dans le chant commun. Quand une mésentente survient dans une communauté, nous n'arrivons plus à chanter ensemble. Le désaccord musical est le signe du désaccord existentiel. A contrario, le chant unifie les voix. Il façonne un corps collectif. Il constitue la communauté comme priante. Certaines voix, plus •••

Première Alliance

« Alors Moïse et les fils d'Israël chantèrent ce cantique au Seigneur : "Je chanterai pour le Seigneur ! Éclatante est sa gloire : il a jeté dans la mer cheval et cavalier ! Ma force et mon chant, c'est le Seigneur." » Exode 15, 1-2

… discrètes, soutiennent le *cantus firmus*, la voix dominante. Nous pouvons tous, tour à tour, porter cette voix et celles de soutien.

La Bible va plus loin. Elle nous raconte que le chant n'est pas réservé à la terre mais qu'il y a du chant et de la musique dans le monde de Dieu. À la naissance du Verbe de Dieu dans une petite ferme, les anges chantent la gloire de Dieu. Et l'Apocalypse évoque l'hymne des anges qui se tiennent debout devant l'Agneau et chantent le cantique de Moïse, car enfin la libération de l'esclavage est définitive : « Grandes, merveilleuses, tes œuvres, Seigneur Dieu, Souverain de l'univers ! Ils sont justes, ils sont vrais, tes chemins, Roi des nations » (Ap 15, 3).

Oui, nos voix chantent cette révélation bouleversante : la victoire du Christ sur toute forme de mal est certaine. Elle a eu lieu, une fois pour toutes. ■

Nouvelle Alliance

« Que la parole du Christ habite en vous dans toute sa richesse; instruisez-vous et reprenez-vous les uns les autres en toute sagesse; par des psaumes, des hymnes et des chants inspirés, chantez à Dieu, dans vos cœurs, votre reconnaissance. » Colossiens 3, 16

Sœur Emmanuelle Billoteau, ermite

« Se tourner doucement du côté de Dieu »

1er MARS
1er DIMANCHE DE CARÊME

Le Carême nous permet de vivre plus intensément le chemin de conversion propre à la vie chrétienne, à opérer un « retour de l'âme vers Dieu », démarche que Fénelon qualifie de « simple et paisible ». Un temps nécessaire, tant notre attention peut se laisser fasciner par « ce qui ne nourrit pas », tant nous pouvons nous « fatiguer pour ce qui ne rassasie pas » (Is 55, 2).

Bien connu pour ses *Aventures de Télémaque* et comme précepteur des héritiers de Louis XIV, Fénelon (XIIe-XIIIe siècles) l'est moins pour ses écrits de spiritualité. Il nous interroge, notamment, sur le rapport entre le « faire » et le « laisser-faire » dans notre relation à Dieu. Rappelons que Fénelon a été mêlé aux polémiques relatives au « quiétisme », lequel prônait une mystique du « pur amour » dans l'oraison dite « de quiétude ». Un courant qui ouvrait d'autres perspectives que les « pratiques » conseillées par la plupart des « directeurs » spirituels de l'époque, en matière d'ascèse, de méditation, de prière – toutes pratiques…

... situées du côté d'un « faire » engendrant souvent tensions et scrupules. Ainsi, pour Fénelon, il s'agissait davantage de laisser Dieu œuvrer en nous que d'œuvrer dans un volontarisme non dénué d'ambiguïtés. Fénelon faisait partie du cercle rapproché de Jeanne Guyon, mystique française dont la spiritualité inspirée par le quiétisme italien lui valut deux séjours à la Bastille. Après la condamnation de son amie, Fénelon, qui l'avait défendue, connut la disgrâce tant de la part des autorités de l'Église que du pouvoir royal.

Un extrait du tome XVIII de ses *Œuvres*, traite précisément de la conversion, Fénelon affirmant qu'elle « ne consiste qu'à se renoncer pour s'occuper de Dieu ». Dieu auquel on s'« abandonne », dans les bras duquel « on se jette aveuglément » en étant « aussi tranquille sur le passé que sur l'avenir ». Une disposition qui tranche avec les craintes de la plupart des chrétiens de cette époque, encore soumis à une « pastorale de la peur » (du Jugement dernier, de l'Enfer). Une disposition qui ne relève pas d'un laisser-aller ou de la non-reconnaissance de ses fragilités, de sa médiocrité et de son incapacité à répondre adéquatement à Dieu, mais qui repose sur la conviction de l'amour divin.

Pour Fénelon, fin connaisseur de l'être humain, se renoncer ainsi – s'oublier pour être tout tendu vers Dieu – est « le martyre de l'amour-propre ». Or, poursuit-il : « On aimerait cent fois mieux se contredire, se condamner, se tourmenter le corps et l'esprit, que de s'oublier. » Une remarque pertinente dans la mesure où notre « faire pour Dieu » est parfois terriblement égocentrique – notre ascèse et notre générosité pouvant alors relever de l'affirmation de soi ou être basées sur l'image d'un Dieu considéré prioritairement selon son attribut de justice. L'oubli de soi, nous dit Fénelon, est « un anéantissement de l'amour-propre » qui donne un fruit précieux : « Le cœur s'élargit; on est soulagé en se déchargeant de tout le poids de soi-même dont on s'accablait. » Et l'on découvre que la « voie est droite et simple ». Fénelon insiste sur cette erreur consistant à croire nécessaires « une contention perpétuelle et toujours quelque nouvelle action sans relâche », alors qu'il s'agit de « regarder Dieu avec confiance, comme un père qui nous mène dans le moment présent comme par la main ». De même récuse-t-il « les réflexions de l'orgueil sur nos propres fautes » qui sont « amères, inquiètes et chagrines ». Oui, à la « douleur d'amour » que suscite le « péché » ! Non, à ces reproches mortifères qui nous enferment en nous-mêmes et empêchent un « retour » à Dieu « simple et paisible » ! En fait, il nous appartient de « sortir » de nous-mêmes. « Mais comment », sinon en se tournant « doucement du côté de Dieu » et en prenant l'habitude « par la fidélité » de revenir à lui « toutes les fois qu'on s'aperçoit de sa distraction ».

« On aimerait cent fois mieux se contredire, se condamner, se tourmenter le corps et l'esprit, que de s'oublier. »

La voie proposée par Fénelon est donc un chemin de décentrement de soi exigeant, qui sollicite la volonté. Mais une volonté qui sait ne rien pouvoir sans la grâce de Dieu et s'abandonne à lui dans la confiance et la disponibilité à ce qu'il voudra. ■

Père Thibault Van Den Driessche, assomptionniste

1ER MARS
1ER DIMANCHE DE CARÊME

Carême et tempête

Le chrétien qui pense mériter d'être comblé se met en péril de pécher d'orgueil, au risque que la grâce se détourne de lui. Selon Isaac le Syrien, le remède réside dans l'humilité. Un exercice pour ce temps de Carême.

« Je suis arrivé à bon port. » Alors que tout vous réussissait, cette pensée vous a-t-elle traversé l'esprit ? À moins que vous ne soupiriez avec Lamartine : « Ne pourrons-nous jamais sur l'océan des âges jeter l'ancre un seul jour ? »

Quand nous voguons à la suite du Christ, nous croire à l'abri des tempêtes est un leurre, prévient Isaac le Syrien : « Lorsqu'il s'établit en nous une paix et une sérénité ineffables, […] ne t'enorgueillis pas, ne crois pas en ton âme que tu as atteint le port à l'abri des tempêtes […] Beaucoup en effet l'ont pensé et ont couru de grands dangers. » Quel péril menace l'homme se canonisant avant l'heure ? L'orgueil, répond le moine. Penser être meilleur que les autres. Estimer mériter la sainteté. « Si tu t'enorgueillis des grâces de la Providence, celle-ci t'abandonnera », prévient-il.

Comment nous est-il possible de lutter contre les pensées d'orgueil ? En nous exerçant à l'humilité, répond Isaac : « Quand te vient une pensée d'orgueil qui te murmure : "Souviens-toi de tes vertus", dis-toi : "Vieillard, regarde ta luxure." » Abrupte, radicale, choquante peut-être, cette procédure ne cherche pas à nous mettre le nez dans notre péché, mais à nous mener à la juste attitude devant Dieu : « Dès qu'une suggestion d'humilité se met en mouvement […], sans tarder la grâce s'approche, porteuse de mille secours. »

Vers 400 av. J.-C., le philosophe Socrate affirmait déjà : « Connais-toi toi-même. » Une maxime transposée par Isaac aux réalités de la foi : « Celui qui se connaît est plus grand que celui qui connaît les anges. » Et parler de ces fragilités que nous découvrons en nous modifie notre rapport aux autres : « Quand on raconte ses prouesses et ses succès, on est admiré, constatait Jean Vanier. En revanche, quand on partage ses limites, ses fragilités, ses torts et ses difficultés, on suscite la compassion. L'humilité attire et crée la communion. »

« Ne crois pas que tu as atteint le port à l'abri des tempêtes. »

Et si l'une de nos résolutions de Carême était d'attirer la communion par notre humilité ? ■

Qui était Isaac le Syrien (630-640) ?

Né dans l'actuel Qatar, Isaac le Syrien fut évêque de Ninive (Irak actuel), avant de se retirer dans un monastère de l'actuel l'Iran, où il vécut dans un ermitage isolé. Forgés à l'école des Pères du désert, ses écrits eurent une grande influence dans les Églises d'Orient.

Quel est le jeûne qui plaît au Seigneur ?

La Bible répond à cette question avec beaucoup de clarté. Isaïe a peut-être les mots les plus limpides, dans le chapitre 58 que nous connaissons bien car il nous arrive de le chanter : « Si tu dénoues les liens de servitude, si tu libères ton frère enchaîné… » Ses contemporains l'interrogent : ils vont au Temple, multiplient les actes de piété, mais apparemment le Seigneur ne les entend pas. Ils trouvent le Seigneur léger. Le prophète leur répond de façon vive, et il faut relire ce grand chapitre d'Isaïe. Il renvoie à la pratique de l'Alliance, à la relation juste avec le pauvre, à un regard ouvert, à une parole juste, à un cœur de miséricorde, au don de soi-même. Le jeûne qui plaît au Seigneur n'est pas une pratique de surface, extérieure. Ce sont des gestes dans lesquels on s'engage, des gestes d'Évangile.

Le Carême est un temps où l'on s'allège de ce qui encombre et où l'on gagne en essentiel, où l'on redécouvre ce qui fait vivre : l'intériorité, l'ouverture aux autres, le regard sur le monde. Le jeûne peut prendre de multiples formes : quelles modifications de ma vie peuvent m'apporter le plus de liberté et me rendre plus fraternel ? Le jeûne de nourriture est un chemin important. Mais qui ne cache pas les arbres ou la forêt ! Pour être plus disponible à la rencontre : celle des autres et de Dieu. ■

Père Jacques Nieuviarts,
assomptionniste

CROISIÈRE-PÈLERINAGE AU FIL DE LA VOLGA

À la découverte de l'âme russe

Prions en Église vous propose d'aller à la rencontre d'un pays continent, la Russie. L'Église russe, qui compte 150 millions de fidèles, est la plus importante, en nombre, dans le monde orthodoxe. De Saint-Pétersbourg à Moscou, nous serons entraînés à la découverte de ce que le pays offre de plus beau. Le rythme des canaux de la Volga nous fera comprendre pourquoi elle fut, depuis toujours, la nourrice du pays, le berceau de la Russie. Cette traversée nous enchantera par des paysages et des haltes culturelles, par les isbas en bois, sans jamais transporter sacs ni valises. Quels que soient vos intérêts, ce pèlerinage-croisière vous promet un voyage inoubliable. ■

Père Gica Paulet, *assomptionniste*

PRATIQUE

Du 25 mai au 4 juin 2020.
Une sélection "Prions en Église" et "Le Pèlerin" organisée par Rivages du monde.
Infos et inscription : 01 58 36 08 38 ou www.rivagesdumonde.fr

Croisière sur la Volga (Moscou)

Sœur Aurélie Roiné, xavière, volontaire DCC à N'Djamena

Une communauté chrétienne au Tchad

« Arrivée en septembre 2018 à N'Djamena, au Tchad, mes pas me portent vers la paroisse catholique du secteur, Saint-Joseph-de-Mardjan-Daffack. Je rencontre alors une petite communauté d'une soixantaine de personnes, de toutes générations. Spontanément, j'explique ce faible nombre par l'implantation de l'église en quartier musulman. Quel n'est pas, alors, mon étonnement de découvrir que la majorité des paroissiens habitent d'autres quartiers, et choisissent de venir à « la paroisse des hadjarai ». Ce terme signifie « montagnard » et regroupe des personnes originaires du centre du pays, arabophones et majoritairement musulmans. L'arabe et le français sont ainsi associés aux divers temps de la vie paroissiale, de l'écoute de la Parole au catéchisme. Nombre de paroissiens se retrouvent les seuls chrétiens de leurs familles. Des partages ouverts peuvent s'en suivre, tout comme de possibles pressions pour une conversion à l'islam. Adultes mais aussi enfants en témoignent, sans jugement sur leurs proches. Je suis marquée par ce respect de l'autre, par le courage de ces chrétiens, par leur solidarité et leur joie. Oui, le Christ est leur lumière, le socle sur lequel ils désirent construire leurs vies. J'en rends grâce. » ■

Photo: DCC

Sœur Aurélie, directrice du centre Saint-Joseph-de-Mardjan-Daffack, avec les enfants du catéchisme.

EN PARTENARIAT AVEC LA DÉLÉGATION CATHOLIQUE POUR LA COOPÉRATION. HTTP://LADCC.ORG

Père Thibault Van Den Driessche, assomptionniste, journaliste

Économie et communion

RENCONTRE D'ASSISE 26-28 MARS

Le pape rencontre à la fin du mois les acteurs d'une économie de communion. Mais de quoi s'agit-il ? Ce sont des hommes et des femmes, jeunes entrepreneurs, qui imaginent d'autres façons de comprendre l'économie et le progrès. Laure Flesselles nous partage son expérience.

Fruits et légumes bruts, épluchés, émincés, râpés. Viandes, poissons, céréales, légumineuses, huiles, bouillons, fines herbes, fromages, yaourts à l'infini et autres desserts. Autant de produits – bio – proposés aux collectivités par l'entreprise parisienne Savourez bio, créée en 2013 par la chaleureuse Laure Flesselles. D'où vient le goût pour les produits de qualité de cette quadragénaire qui s'exprime avec précision et respire la « sobriété heureuse » ? De sa foi chrétienne, spécialement de son expérience du scoutisme : « Comme jeannette, se souvient-elle avec joie, j'ai appris à observer et à aimer la nature, à louer Dieu pour la beauté des arbres, des forêts. J'ai senti en moi le désir d'avoir, plus tard, un travail en lien avec le soin donné à la nature. »

Laure Flesselles, créatrice de Savourez bio.

Bac en poche, c'est tout naturellement que Laure Flesselles se lance dans des études d'ingénieur agronome. Son rêve à long terme ? « Proposer une alimentation pour tous avec les meilleures solutions agronomiques, tout en préservant la planète et la santé des personnes. » Pour relever ce défi, après quelques riches expériences professionnelles en France et à l'étranger, l'ingénieure fonde sa propre entreprise dans le secteur du bio. « Afin de donner plus de sens à mon travail, je me suis orientée vers un travail en cohérence avec la démarche du développement durable, raconte-t-elle, les yeux brillants. J'ai compris que le climat, le sol et la biodiversité nous donnent de produire des aliments de qualité et en quantité suffisante. »

Au service du bien commun

Un jour, elle entend parler de l'économie de communion. Lancée en 1991 par Chiara Lubich, fondatrice du Mouvement des Focolari, ce projet s'adresse à tous les acteurs du monde économique, en particulier les entrepreneurs qui conçoivent et vivent leur entreprise comme une vocation au service du bien commun et pour réintégrer les exclus du système. Depuis, Laure se rend deux fois par an à Arny (91), pour une rencontre avec d'autres entrepreneurs de l'économie de communion : « Nous partageons ce que nous vivons dans nos entreprises respectives, se …

© D.R. / © Adobe Stock

... réjouit-elle, nos belles expériences, nos difficultés. »

Afin d'insuffler l'esprit de ces rencontres dans son entreprise, l'ingénieure promeut des produits respectueux de l'environnement et des producteurs. « Je mets en avant les filières de lait françaises et équitables, explique-t-elle. Et concernant les emballages, je dialogue avec les fabricants et encourage mes clients à diminuer leur impact en consommant des produits en grands conditionnements ou peu emballés. » Laure cherche aussi des fournisseurs qui portent des valeurs similaires aux siennes.

Laure a la foi chevillée à l'entreprise. « J'ai toujours conscience que Jésus est présent, révèle-t-elle, qu'il m'accompagne. » Sur son frigidaire, la prière des Focolari, qui la relie aux autres entrepreneurs du mouvement : « Esprit Saint, aide-moi à aimer chaque personne que je rencontrerai, à unir mon travail, mes peines et mes joies à la vie de Jésus en moi… » Tout un programme. ■

Le pape convie les jeunes entrepreneurs

Du 26 au 28 mars, le pape François réunit à Assise jeunes économistes et entrepreneurs du monde entier, pour « étudier et pratiquer une économie différente, qui fasse vivre et non pas mourir, qui inclue et non pas exclue, qui humanise et non pas déshumanise, qui prenne soin de la création sans la piller ». Nombreux seront les entrepreneurs de l'économie de communion à participer à l'événement.

LES MESSES TÉLÉ ET RADIO

LE JOUR DU SEIGNEUR – FRANCE 2 (11 heures)

1ER/3 Chapelle de l'Immaculée Conception de La Roche-du-Theil, Bains-sur-Oust (35). Prédicateur : P. Édouard Roblot.

8/3 Église Saint-Martin-et-Saint-Brice, Nil-Saint-Vincent-Saint-Martin (Belgique). Prédicateur : *non confirmé.*

15/3 Église Saint-Vincent-de-Paul, Clichy-la-Garenne (92). Prédicateur : P. Frédéric Ozanne, prêtre de la Mission de France.

22/3 Église Saint-Michel-des-Lions, Limoges (87). Prédicateur : P. Pascal Boulic, prêtre de la communauté Saint-Martin.

29/3 Église Saint-Pierre-Saint-Paul, Montreuil (93). Prédicateur : P. Gabriel Nissim, dominicain.

FRANCE CULTURE (10 heures)

1ER/3 Église Saint-Germain l'Auxerrois, Paris (Ier). Prédicateur : P. Henry de Villefranche.

8/3 Église Saint-Germain l'Auxerrois, Paris (Ier). Prédicateur : P. Henry de Villefranche.

15/3 Église Saint-Germain l'Auxerrois, Paris (Ier). Prédicateur : P. Henry de Villefranche.

22/3 Église Saint-Germain l'Auxerrois, Paris (Ier). Prédicateur : P. Henry de Villefranche.

29/3 Église Saint-Germain l'Auxerrois, Paris (Ier). Prédicateur : P. Henry de Villefranche.

Informations communiquées sous réserve de modifications.

LIVRES

Fais de Jésus ton ami

de Bernard Guidez
Médiaspaul, 149 p.

Conçu à partir d'expériences concrètes, ce guide spirituel propose un parcours simple qu'il résume en cinq mots : fais de Jésus ton ami. Avec finesse, l'auteur montre comment Dieu a consolidé sa foi, jour après jour, à travers différents témoins dont sainte Thérèse d'Avila. Cette amitié spirituelle avec la réformatrice du Carmel permet au lecteur de saisir le suc de la spiritualité carmélite et de s'orienter vers l'essentiel.

Brèves homélies et prières d'Évangile

Année A

de Michel Wackenheim
Éditions Salvator, 224 p.

« Le Carême est le temps des retrouvailles où on se retrouve tel qu'on est devant le Christ, tel qu'il est. » Le père Michel Wackenheim, avec sa longue expérience pastorale, nous abreuve de brèves homélies et prières d'Évangile pour l'année liturgique A. Cette force de paroles entre Dieu et son peuple « donne sens et ferveur à la célébration », comme dit le pape François. ■

P. Jean-Paul Musangania

(Re)vivez de l'intérieur

de Jean-Guilhem Xerri
Éd. du Cerf, 204 p.

À la façon d'un livre dont vous êtes le héros, le psychanalyste Jean-Guilhem Xerri invite le lecteur à devenir acteur. Il propose une dizaine de méditations pour reprendre son intériorité en main. Le propos met en pratique les enseignements des Pères du désert dans nos vies actuelles. Accompagné de huit méditations audio à télécharger, ce livre constitue une bonne initiation à la sagesse chrétienne. ■

Jean-Baptiste Deau

EXPOSITION

La Vierge assise avec l'Enfant et le petit saint Jean, dans un paysage, Raffaello Santi, dit Raphaël (1483-1520)

Raphaël à Chantilly. Le maître et ses élèves

Le musée de Condé consacre une exposition au maître italien Raffaello Sanzio, plus connu sous le nom francisé Raphaël. Cet artiste, mort à 37 ans, a ébloui son époque par son style et ses célèbres Madones. Raphaël ne saurait cependant être réduit à une pure vision esthétisante, ce grand maître ayant également enrichi l'art sacré par la force expressive et la grâce de ses œuvres. ■ **Benoît de Sagazan,** rédacteur en chef du *Monde de la Bible*

Du 7 mars au 5 juillet 2020, au château de Chantilly, Cabinet d'arts graphiques, 60500 Chantilly. Tél. : 03 44 27 31 80
www.domainedechantilly.com

NOS ACTUS

Un fac-similé pour la Semaine sainte

Prions en Église offre aux paroisses et aux communautés un livret avec les messes du dimanche des Rameaux au dimanche de Pâques. Il permet aux fidèles de vivre les célébrations de la « Grande Semaine ». Pour recevoir des exemplaires, disponibles par lot, rendez-vous sur le site de *Prions en Église.* ■ **Amandine Boivin**

Tél : 01.74.31.65.48
prionseneglise.fr/semainesainte

CD

Chants pour la procession des offrandes Chantons en Église

ADF Musique

Au cours de la messe, la procession des offrandes ouvre la liturgie eucharistique. Un chant adapté aide l'assemblée à percevoir le sens du rite et à s'y associer. Nouveau volume de la collection Chantons en Église, ce CD propose une sélection variée de chants pour ce moment de la messe.

Par la confiance et l'amour Jeunesse franciscaine de Bitche

ADF Musique

Le chant *a cappella* tient une place importante dans le témoignage de ces jeunes de spiritualité franciscaine. Un nouvel album (des chants pour la liturgie ou la louange) qui offre une belle variété de styles et de timbres, avec des accents allant du classique au jazz. ■

Dominique Pierre, rédacteur en chef de *Chantons en Église*

NUMÉRIQUE

Parcours saint Marc

Le mooc gratuit et ouvert à tous « Parcours saint Marc » forme les chrétiens à devenir « disciples missionnaires », explique son initiateur le père Paul Dollié. Il regorge de textes, de vidéos et de plans pour accompagner les quinze enseignements qui s'échelonnent au fil de l'année. Mis à ligne depuis avril 2019 sur le site de la Communauté de l'Emmanuel, cette plateforme permet d'envisager la mission à partir d'exemples tirés de la vie. ■

myemmanuel.info/moocs

P. Jean-Paul Musangania

Informations communiquées sous réserve de modifications.

COLLECTE

La collecte du 5e dimanche de Carême

La collecte du 5e dimanche de Carême, le 29 mars, soutient les projets du CCFD-Terre Solidaire. Cette ONG appelle à un changement de modèle concret et systémique, pour répondre aux enjeux de la faim et de l'urgence écologique. Une des solutions portées est notamment l'écologie intégrale telle qu'elle est présentée dans l'encyclique *Laudato Si'*. ■

Grand Nord-Est

TROYES (10)

DU VENDREDI 13 AU DIMANCHE 15

Week-end « Révèle-toi »

Les sœurs oblates de Troyes accueillent les jeunes femmes de 18 à 35 ans pour approfondir la beauté et l'importance de la vocation de la femme. Cette deuxième session a pour thème la vocation d'épouse.
03 25 73 25 63
soeursoblatesdesfs-jeunes.fr

MOUVAUX (59)

LUNDIS 9, 16 ET 23

Ateliers spirituels

« Pardonner : au-delà de l'impossible », avec Thierry Hussenot, de la communauté Vie chrétienne (CVX), de 19 à 22 heures au centre spirituel du Hautmont. Apports psychologiques et spirituels suivis de questions-réponses. 9 mars : Qu'est-ce que pardonner ? 16 mars : En quoi être pardonné m'invite à pardonner ? 23 mars : Comment puis-je pardonner ?
03 20 26 09 61
www.hautmont.org

Grand Nord-Ouest

LISIEUX (14)

TOUS LES MARDIS DE MARS

Conférences de Carême

Le sanctuaire de Lisieux propose cinq conférences pour rythmer la montée vers Pâques avec Thérèse de Lisieux, à l'écoute

de la parole de Dieu. Prédication de frère Didier-Marie Golay. À 14 h 30 à l'accueil cathédrale et à 20 h 30 à l'Ermitage Sainte-Thérèse.
02 31 48 55 00
www.therese-de-lisieux.catholique.fr

REDON (35)
DU DIMANCHE 22 AU SAMEDI 28
Retraite en silence
« Chemin de guérison par la réconciliation », à la maison d'accueil La Roche du Theil. Un chemin pour accueillir le pardon et pardonner.
02 99 71 11 46
secretariat@larochedutheil.com
www.larochedutheil.com

ÉPERNON (28)
SAMEDI 28
Session
« Le Linceul de Turin : que peut-on en dire aujourd'hui ? Que nous apporte-t-il ? » avec Béatrice Guespereau de l'association Montre-nous ton visage (MNTV), au prieuré Saint-Thomas.
02 37 83 60 01
prieure-epernon@orange.fr

Grand Sud-Ouest

COLAYRAC-SAINT-CIRQ (47)
DU VENDREDI 6 AU DIMANCHE 8
Halte spirituelle
« Les chrétiens sont des gens de passage » (1 P 2, 11). Réflexion sur le voyage intérieur. Prédication : Mgr Hubert Herbreteau. Au foyer de charité Notre-Dame de Lacépède.
05 53 66 86 05
lacepede.foyerdecharite.fr

MONTPELLIER (34)
DU VENDREDI 20 AU DIMANCHE 22
Assises
Les Entrepreneurs et dirigeants chrétiens (EDC) tiennent leurs assises nationales qui réunissent près de 2 000 membres tous les deux ans. Cette édition a pour thème « Entreprenons pour la maison commune », dans le sillage de *Laudato Si'*.
lesedc.org

Grand Sud-Est

PAULHENC (15)
SAMEDI 14
Halte spirituelle
Le centre spirituel La Pomarède accueille les personnes engagées

en paroisse pour une halte spirituelle animée par le père Henri Caldelari, missionnaire du Sacré-Cœur, sur le thème « Pierre, m'aimes-tu ? »
04 71 63 44 54
formation@diocese15.fr

CANNES (06)
DU VENDREDI 27 AU DIMANCHE 29
Session
L'amitié Lérins-Fondacio organise le week-end pour jeunes pros à l'abbaye de Lérins autour du thème « Unifier sa vie – D'une vie professionnelle dense à une vie intérieure intense ».
06 45 03 78 28
amitielerinsfondacio@gmail.com
abbayedelerins.com

•••

L'ÉVÉNEMENT

La Journée mondiale de prière pour les femmes

La Journée mondiale de prière des femmes (JMP) se tient vendredi 6 mars dans près de 180 pays. « Cet événement œcuménique international est préparé par des femmes chrétiennes, d'un pays différent chaque année, qui conçoivent et rédigent des prières et des témoignages de vie », renseigne Mireille Schmitt, membre de l'Église protestante unie Saint-Esprit et animatrice d'un groupe de femmes chrétiennes de Nice pour la Journée mondiale de prière des femmes. Les Zimbabwéennes, organisatrices de l'édition 2020, ont tiré le thème de l'évangile de Jean : « Lève-toi, prends ton brancard, et marche » (Jn 5, 8). « Ce choix exprime mieux la lutte des femmes pour la paix et la solidarité dans un pays d'Afrique australe éprouvé par la sécheresse et l'inflation galopante, poursuit-elle. Pendant 24 heures, nous relisons tous les témoignages de vie de nos sœurs zimbabwéennes au sein de nos assemblées et nous nous mobilisons, notamment par internet, pour faire connaître leurs expériences douloureuses au reste du monde. » ■

P. Jean-Paul Musangania

… Île-de-France

CLAMART (92)

DU VENDREDI 20 AU DIMANCHE 22

Week-end couples

« L'un croit, l'autre pas : cheminer ensemble », pour tous les couples dont les conjoints suivent des chemins spirituels différents.

01 45 29 98 60
accueil@manrese.com
manrese.com

RUEIL-MALMAISON (92)

SAMEDI 28

Journée des fiancés 2020

Mgr Matthieu Rougé, évêque de Nanterre, invite tous les couples de l'Église catholique des Hauts-de-Seine qui se marieront cette année. Au lycée La Salle – Passy Buzenval.

01 41 38 12 30
accueil@diocese92.fr
diocese92.fr

Monde

DU VENDREDI 20 AU SAMEDI 21

24 heures pour le Seigneur

Du vendredi au samedi précédant le 4e dimanche de Carême, l'Église universelle vit cette journée de prière et de réconciliation.

MERCREDI 25

Rencontre « Ensemble avec Marie »

À travers l'Europe et l'Afrique, cet événement interreligieux réunit chrétiens et musulmans à l'occasion de la fête de l'Annonciation, célébrée aussi en islam.

www.ensembleavecmarie.org

ROME

DU DIMANCHE 22 AU DIMANCHE 29

Visite ad limina

Les évêques français effectuent leur visite au pape et lui présentent leur rapport quinquennal.

ENVOYEZ VOS RENDEZ-VOUS À L'AGENDA DE PRIONS EN ÉGLISE. Merci d'envoyer les informations nécessaires 3 mois avant l'événement, sans engagement de publication par la rédaction, à : *Prions en Église*, Agenda, 18 rue Barbès, 92120 Montrouge, ou par e-mail : *prionseneglise@bayard-presse.com*

Prions en Église 18, rue Barbès, 92128 Montrouge Cedex.
www.prionseneglise.fr

▶ **POUR CONTACTER LE SERVICE CLIENT : 01 74 31 15 01** - service.client@bayard-presse.com
(Préciser : nom + adresse postale + « concerne Prions en Église ».)
▶ **POUR VOUS ABONNER : 0 825 825 831** (0,18 €/ min.) - www.librairie-bayard.com
Bayard, Prions en Église, TSA 60007, 59714 Lille Cedex 9
▶ **POUR CONTACTER LA RÉDACTION : 01 74 31 63 24** - prionseneglise@bayard-presse.com

Directeur de la publication : Pascal Ruffenach. Directeur : Jean-Marie Montel.
Rédaction : Karem Bustica (rédactrice en chef), P. Jacques Nieuviarts (conseiller éditorial), Armelle Gabriel (assistante), Pomme Mignon (directrice artistique), Frédéric Pascal (secrétaire général de la rédaction), Pierre-Emmanuel Charon (chef de studio), Jean-Baptiste Deau, Clotilde Pruvôt (secrétaires de rédaction), Laurent Sangpo (rédacteur graphiste), P. Thibault Van Den Driessche et P. Jean-Paul Musangania (rédacteurs), Agnès Thépot (relations lecteurs).
Ont collaboré : Michèle Clavier, Véronique Thiébaut et Véronique Jollé.
Marketing éditeur et développement : Anne-Claire Marion (directrice), Amandine Boivin (responsable marketing).
Marketing diffusion et abonnement : Laure Beaunée (directrice), Sandrine Dos Santos (chef de marché).
Direction des terrains catholiques : Pascale Maurin (directrice), Stéphanie Chauveau (chef des ventes).
Voyages lecteurs : Corinne Miguel. Contrôle de gestion : Muriel Spirito. Fabrication : Franck Fournier.
Impression : Maury SAS, Z.I. Route d'Étampes, 45330 Malesherbes.

Prions en Église est édité par Bayard Presse, société anonyme à Directoire et Conseil de Surveillance au capital de 16 500 000 €. Actionnaires : Augustins de l'Assomption (93,7 % du capital), SA Saint-Loup, Association Notre-Dame de Salut. Directoire : Pascal Ruffenach (président), P. André Antoni, Alain Augé et Florence Guémy (directeurs généraux).
Président du Conseil de Surveillance : Hubert Chicou. Dépot légal à parution. CPPAP : 0420K86471 - ISSN : 0383-8285.
Belgique : Sandrine Van Gossum (éditeur responsable pour la Belgique), Bayard Presse Bénélux, Da Vincilaan, 1 1930 Zaventem. Tél. : 0800 90 028 (de Belgique, gratuit) ou 00 32 87 30 87 32 (de France) ou Tél. : 800 29 195 (du Luxembourg). Web marché chrétien : www.bayardchretien.be. Suisse : Edigroup SA 39 rue Peillonnex 1225 Chêne-Bourg – Suisse. Tél. : 00 41 22 860 84 02. Mail : abobayard@edigroup.ch

PEFC 10-31-1282
Certifié PEFC
Ce produit est issu de forêts gérées durablement et de sources contrôlées.
pefc-france.org

IMPRIM'VERT
Pour l'imprimeur agit pour l'environnement

Prions en Église agit pour l'environnement
Origine du papier : Allemagne
Taux de fibres recyclées : 0 %
Origine des fibres : papier issu de forêts gérées durablement
Impact sur l'eau : Ptot 0,006 kg/T

Ce numéro comporte :
Sur la totalité de la diffusion :
Le signet jeté "prière" et l'encart d'abonnement posé "Prions en Église Junior".
Sur une partie de la diffusion :
l'encart d'abonnement à la séquence "La Croix" spéciale élections municipales.

Bulletin d'abonnement

✔ OUI, je m'abonne à *Prions en Église*

ÉDITION POCHE (13 x 11,9 cm)

- ☐ 1 an (12 n[os]) .... **42 €**
- ☐ 2 ans (24 n[os]) .... **75 €**
- ☐ Étudiant* 1 an .... **25,95 €**

ÉDITION GRAND FORMAT (16 x 14,6 cm)

- ☐ 1 an (12 n[os]) .... **49 €**
- ☐ 2 ans (24 n[os]) .... **85 €**

PrionsenEglise Junior

Pour les enfants dès 8 ans

- ☐ 1 an (6 n[os]) .... **32 €**

A176029

PAR COURRIER accompagné de votre chèque à l'ordre de Bayard à :
BAYARD - TSA 60007 - 59714 LILLE CEDEX 9

☐ MME ☐ M. NOM

PRÉNOM

DATE DE NAISSANCE

N°

RUE (VOIE, BD, AV., CH., IMP...)

COMPLÉMENT D'ADRESSE (RÉS., ESC., BÂT.)

CODE POSTAL

VILLE / PAYS

N° DE TÉLÉPHONE

Email :
Pour recevoir la confirmation de votre commande.

PAR TÉLÉPHONE Votre code offre A176029
0 825 825 831 Service 0,18 €/min + prix appel

PAR INTERNET
librairie-bayard.com

RENSEIGNEMENTS POUR LES ABONNEMENTS HORS FRANCE MÉTROPOLITAINE

Code offre W171529

		DOM-TOM & UE	AUTRES PAYS	BELGIQUE	SUISSE
Téléphone		(33) 174 311 501		0800/90028 **	(022) 860 84 02
POCHE	1 AN	46 €	49 €	42 €	CHF 72
	2 ANS	83 €	89 €	75 €	CHF 134,11
GRAND FORMAT	1 AN	53 €	56 €	49 €	CHF 85
	2 ANS	93 €	99 €	85 €	CHF 155,71

* Uniquement en France métropolitaine. Joindre une photocopie de la carte d'étudiant. ** Appel gratuit

Tarifs valables jusqu'au 31/12/2020. Indiquer précisément le n° de voie et le libellé pour une meilleure garantie de l'acheminement de votre abonnement. Précisez votre adresse email afin que nous puissions conformément à la loi vous adresser un récapitulatif de commande. À l'exception des produits numériques ou d'offre de service, vous disposez d'un délai de 14 jours à compter de la réception de votre produit/magazine pour exercer votre droit de rétractation en notifiant clairement votre décision à notre service client. Vous pouvez également utiliser le modèle de formulaire de rétractation accessible dans nos Conditions Générales de Vente. Nous vous rembourserons dans les conditions prévues dans nos CGV. Pour en savoir plus : https ://librairie-bayard.com/cgv. Ces informations sont destinées au groupe Bayard auquel Prions en Église appartient. Elles sont enregistrées dans notre fichier à des fins de traitement de votre commande. Conformément à la loi "Informatique et Libertés" du 6/01/1978 modifiée et au RGPD du 27/04/2016, elles peuvent donner lieu à l'exercice du droit d'accès, de rectification, d'effacement, d'opposition, à la portabilité des données et à la limitation des traitements ainsi qu'au sort des données après la mort à l'adresse suivante, en joignant une photocopie de votre carte d'identité : Bayard (CNIL), TSA 10 065, 59 714 Lille Cedex 9. Pour plus d'informations, nous vous renvoyons aux dispositions de notre Politique de confidentialité sur le site www.groupebayard.com. Vos données postales sont susceptibles d'être transmises à nos partenaires commerciaux, si vous ne le souhaitez pas cochez cette case ☐